新示談交渉の技術

交通事故の想定問答110番

2021年 改訂版

弁　護　士　藤井勲
神戸地方裁判所判事　泉　薫　共著

企業開発センター交通問題研究室

序　文

　本書は、各企業の交通事故処理担当者や保険、共済の査定担当者
など、職務として加害者、被害者あるいはその各関係者との間で、
交通事故の損害賠償、示談事務に携わる人々のために、交通事故に
おける人間関係、法律関係の基本的構造とその特徴を検討したうえ、
その各関係者との対応の具体的方法を想定問答によって解説しよう
とするもので、幸いにして平成３年に初版を上梓して以来、関係各
方面に幅広くご利用いただいてきた。

　この間、数回にわたり版をかさねてきたが、近時説明責任、情報
公開、個人情報保護、消費者（大衆）の権利保護、コンプライアン
ス、ＣＳＲ（企業の社会的責任）というキーワードで示されるよう
に、企業を取り巻く社会の価値観も大きく変化している。

　平成28年５月末日からは改正保険業法が施行され、民法（債権法）
の大幅な改正も令和２年４月１日から施行され、法定利率は年５％
から３％に引き下げられたし、時効期間も変更されている。更に、
自動車保険も、人身傷害保険や弁護士費用特約が普及し、損害賠償
実務の内容もかなり様相がかわってきている。

　これらの変化は、当然に示談業務にも影響を及ぼさざるを得ない
ので、この際、各問答を見直し、補充すると共に、そうした観点か
らも再検討を加えて改訂を試みたものである。

　なおまだ不十分、不徹底な部分も残しているものと危惧している
が、読者の皆様の御叱咤もいただいて、更によきものにさせていた
だきたいと考えている。引続きご利用いただければ幸いである。

第Ⅰ編　示談交渉の基礎知識

第3　加害者への対応・アドバイス

第Ⅱ編　示談交渉の技術

第1　ビジネストーク例
好ましい話法と問題を残す話法

第2　交渉事例
1　交渉一般

8　その他の損害について

11

第Ⅲ編　資料

第1 序論
（事故処理の基本的考え方）

第2 損害賠償制度の基本的な理解
（事故処理に当たり常に念頭におくべき基本概念）

第3 加害者への対応・アドバイス
（加害者に生じる問題と事故処理担当者の役割）

第1 序論（事故処理の基本的考え方）

1 はじめに

　まずはじめに読者の方は、以下の問題についてＡ、Ｂどちらが適切かを考えてみていただきたい。名づけて「担当者苦労度テスト」である。いずれも、本書が以下で取り扱う基本的テーマに関係するものである。

担当者苦労度テスト

（担当者として、次のＡ，Ｂのどちらが大切か）

問1

Ａ　当初は、被害者の立場に立ってできるだけ親切に、誠意をもって対応し、その感情を和らげるよう努力する。それによって信頼が生まれ、以後の処理がスムーズになる。

Ｂ　担当者は、保険・共済契約によって、正当な賠償のお手伝いをする立場にあることを丁寧に述べ、礼儀は保ちつつも、是々非々を貫く姿勢をかくさないで被害者側に伝え、甘え、誤解を起こさせないよう注意する。

問2

Ａ　被害者は賠償のことはあまり知らないから、できるだけ親切に詳しくよくわかってもらうまで説明する。

Ｂ　個々具体的な要求に対しては、その諾否、理由は必ず十分に説明するが、一般論についての説明は基本的なことを誤解

なく正確に伝えるにとどめる。できればわかりやすい言葉で
解説した文書を渡す。

問3

A　被害者が無理なことを言ったときは、よく説明、説得して
納得してもらわなければならない。

B　被害者が無理なことを言ったときは、説明して納得しても
らう努力はするが、応じられないことははっきり述べておく。

問4

A　被害者の要求が査定要領・支払基準からは無理な場合でも、
断り切れないときは、少しくらいなら譲歩して認める。

B　最終解決の時ならともかく、そうでない時は、みだりに譲
歩を重ねない。

問5

A　被害者から呼出しがあれば、いつでも、何をおいても行く
べきである。

B　そんなことはない。お互いの都合により打ち合わせて決め
るものである。夜間、休日などは特別な必要性がない限り原
則として断る。

問6

A　被害者との話合いは事務的につきつめず、おだやかに、ゆ
っくりやって、その感情を刺激しない方がよい。

B　被害者との話合いは、その要求内容をよく聞いて整理し、
明確化させることが肝要である。

問7

A　被害者側にヤクザなどが入って脅迫があっても、少しのこ
となら我慢して何とか円満解決に努力する。

　本書において担当者の立場として強調したい点は、つまるとこ
ろ、
　　①　対等、平等に立脚したビジネスの立場（道義的責任の分離）
　　②　正当な補償への努力（納得了解至上主義からの脱却）
の二点につきる。
　この二点よりみれば、交通事故の示談担当者としては16～18頁
の間は、すべてBの方が交渉スタンスの基本である。AはBが十分
できての話である。
　担当者の方々としては、Aを選んだ数が多いほど人間的にはやさ
しい人であろうが、Bが十分できていないのにAのスタンスをとる
と苦労されるところが多いであろう。

2　担当者の立場

(1)　対等・平等（道義的責任の分離）

　言うまでもなく担当者は、自分が事故を起こしたわけではなく、
たまたま加害者との保険、共済契約によって、ビジネス業務として
その賠償事務を取り扱っているに過ぎない。
　したがって、担当者は被害者に対し、通常の社会人としての責任
や人間的儀礼を超えた領域の、加害者としての道義的責任に類する
ものは一切負っていない。民事上の法律事務はまったく対等・平等
の人間関係を前提としており、その意味でも担当者と被害者とは完
全に対等・平等であり、上下関係はない。
　しかし、被害者側としては、事故当初は加害者と担当者のこうし
た立場の違いをはっきり意識していないことが多く、担当者に対し
ても無理を言ったり、ぞんざいな言葉遣いなど加害者に準じるよう

な態度をとることが多い。被害者が担当者に対し、当初から対等・平等な人間関係を前提として、社会的礼儀を守って発言するということは例外的なケースであろう。こうしたときに、担当者は、直ちにこれに反発、抵抗するまでの措置はとらないにせよ、少なくともそれを全面的に容認することなく、折にふれてその誤りをわかってもらうよう心がけ努力することが大切である。

　もともと担当者自身に道義的責任のないことは、誰からみても異論のあろうはずのない絶対的な真理なのであるから、担当者がこれを前提として対等・平等の姿勢を保持しつつ人間的、社会的儀礼の範囲内で行動すれば、遅からず被害者側もそれを理解し、今度は逆に加害者でもないのに大金を払ってくれる人、との位置づけも得られるのである。

　ただし、後述するように、担当者は、賠償事務を取り扱う企業人としては、重い職責を担っている。いかに忙しくても無責任、ずさんな事務処理は被害者に対する正当な補償手続とはならないし、また、被害者の感情にしこりを残し、大きな問題となることを忘れてはならない。

　こうした視点から、後述ビジネストークのあいさつ例（54頁）を作成してみた。参照されたい。

(2)　正当補償

　保険、共済は、加害者が事故によって被害者に対し支払わねばならない法的な損害賠償を填補する。したがって、それは法的にみてあくまで正当な補償を填補、支払するものにほかならない。

　大きな声を出す者への過大な支払も、無知でおとなしい人への過少な示談もともに許されない。

　裁判基準に比して、半分にも満たない少額の示談は、公序良俗に反するとして無効とされることもあるし、自賠責の支払基準以下の示談は、監督官庁から過少示談と指摘されるところであるが、賠償上も、清算条項の無効主張がなされる可能性もあり、よほど明白な

理由がない限り行うべきではない。また、その場合でも担当者としては、医療照会等適格な書類により、示談金以上の損害が発生していない裏付けを取得しておく必要がある。

　保険会社は、統一的で迅速な事実認定のため査定要領を作成し、交通事故と相当因果関係がある損害を類型化して、損害項目ごとに認定に必要な書類を定めたり、慰謝料について独自の支払い基準を保有している。

　しかし、それは内部の事務処理の便宜のためのものに過ぎず、被害者を拘束するものではない。したがって、査定要領がこうなっているから支払えないとかこの金額しか無理だという対応を行ってはならず、正当な補償とは何かという視点で接しなければならない。そうした態度を保持してこそ初めて被害者に対し説得力のある発言ができるのである。

　会社の内部基準といわゆる裁判基準に一部格差があるため、担当者としてはこの正当な補償という観点からの対応について苦しい立場に立たされることもあろうが、そうした場合もやはり姿勢としては「見解の相違」とすべきであり、内部基準を持ち出して言訳としてはならない。

　このように担当者の職務は、被害者に正当な補償を提供することにあるのであるから、示談の成立は必ずしもその究極の目的ではない。被害者が無理な要求に固執する時には、正当な補償を明確なかたちで提供しておけば、示談は成立しなくてもその責任は果たされたと考えられる。あとは裁判か時効が解決してくれるとの姿勢が大切である。

3　担当者の事務処理上の留意点

　担当者は上記のような基本的立場に立って、交通事故の賠償手続の事務に当たるのであるが、そこには他の一般的な営業などの会社業務にはみられない際立った特徴がある。

　それは、当事者つまり加害者と被害者との間には、始めから友好
関係がなく、むしろ敵対や憎悪に近い関係があることである。こと
に過失のない被害者は、理由もなく重大な被害を被った者として、
強い被害者感情を有しているのが普通である。

　そのような人間関係に根ざした法律関係に介入する者としては、
自らの立場を正しく認識したうえ、物事の本質、およびその正しい
方向を見失わずに、ビジネスマンとしてのモラルに正しく沿って適
切な事務処理を重ねる必要がある。

　こうしたことをあいまいにして、杜撰な事務処理を行うと、担当
者自身たちまち加害者と被害者間の感情の嵐にまき込まれて各方面
からの非難を受け、身動きが取れないこととなる。

　こうした観点から担当者が賠償事務を処理するうえで、特に留意
すべき点は次のとおりである。

(1)　わかりやすい説明

　近時企業の周辺関係者に対する説明義務が強調され、その業務に
ついての「わかりやすい説明」が強く求められている。

　保険会社においても、事故処理について、加害者、被害者、病院、
修理工場等の関係者に対し、「わかりやすい説明」の対応がなされ
ているか否かが監督官庁の監督指針とされているほどである。

　このため関係者からクレームが出たときは、この「わかりやすい
説明」がなされていたことが立証できなければ、業務改善命令など
の厳しい処分を受けることになりかねないのである。

　そのため後述のような記録、メモ、議事録の作成が大切なのであ
る。

(2)　正確な対応

　交通事故の当事者は、加害者・被害者とも、事故による精神的混
乱のため、正常な判断力を失っていることが多い。

　被害者においては、事故による肉体的・精神的衝撃、加害者への

怒り、将来への不安等から、極度の緊張状態にあるし、加害者においても、事故、過失への悔恨、被害者からの道義的責任追求の圧迫、賠償問題、刑事処分、行政処分への不安がある。

このため、当事者は関係者の言動に極度に過敏であり、疑心暗鬼、一触即発の状態にあり、他人の言うことを正しく理解できる状態ではないことが多い。

そのようなときに、事故処理担当者の言動に不正確、不明確なところがあれば、思わぬ憶測、誤解を招くことは必至であり、ましてその一部にも前後矛盾したところがあれば、収拾のつかない不信感を作り出してしまう。

したがって、事故処理担当者は、早口でペラペラとまくしたてるようなことは絶対にしないで、いつもゆっくりと、丁寧、正確にわかりやすい言葉で必要なことを十分に話すことに心がけ、当事者の要求・質問に対しても、あいまいなことや不正確な応答は決してしてはならず、常に明確に、かつ、正確、丁寧に応答しなければならない。

そのためには、日頃から賠償問題についての理解のために研鑽を積まねばならないが、それでもなお、わからないことや、はっきり答えられないことが生じてくる。

そのようなときは、その旨を正確に述べ、場合によっては質問を確認、確定したうえで、後日調査のうえ回答することを約束すればよいのであって、いいかげんなことを言ってごまかしてはいけない。

要は、自分の発言すべてに責任を持つ覚悟で、同じことについては、誰から何回聞かれても、同じ回答となるよう心がけることである。そのためには、他人との会話においても、自分の述べたことを一字一句、間違わずに復唱してみるような訓練も有益と思われる。

重要な打合せの後、資料10文例⑧のような議事録を作成、送付することは、この正確な対応にも資するところ絶大である。

(3)　情報の確保──記録、メモの重要性

　事故処理において正確に対応していくためには、正しい情報を入手し、これを確保していかねばならない。

　人間の使う言葉はそもそもはじめから極めて不正確であり、記憶はまったく当てにならない。

　担当者は自らの事故処理について常時、その日時、場所、関係者、話合いの要点、その結論について具体的で正確な記録、メモを作成していかねばならないが、このことは担当者自ら直接経験したことにとどまらず、加害者などからもたらされる間接的な情報についても同様である。

　ただ、この後者の間接情報を正確に把握し、記録するのは容易ではない。

　例えば、加害者が担当者に対し、「いつ病院に行っても被害者はいない」と報告したとする。

　これは入院治療の必要性、ひいては休損、慰謝料の算定に当たっても重要な情報であるが、このままでは噂話に過ぎない。

　担当者はこれについて加害者に対し、具体的に病院に行った日時、被害者がいなかった具体的状況を詳しく聞き出して初めて情報となるのである。またこの場合、病院に行ったのは加害者本人であることも念のため確認しておく必要もあり、もし伝聞ならば直接見聞きした人に確かめる必要がある。

　事故処理において、こうした具体的に正確な情報が累積すれば、示談交渉には大きな武器となり、適正な解決に資するところは計りしれない。

　そして、ひるがえって考えれば、こうした記録、メモは正確な対応、事務処理の総仕上げとも言えるのであって、記録、メモなしには的確な事務処理はあり得ないし、また、的確な事務処理なくしては充実した記録、メモも作り得ないのである。

⑷　文書の利用

　事故処理担当者には、上記のように極めて正確な対応が求められているのであるが、われわれの使う「言葉」にはそうした情報、意思の正確な伝達手段としては大きな限界がある。

　つまり、言い間違い、聞き間違い、覚え間違いなどが随時発生し、言った言わないの水掛け論となるのである。そこで、担当者としては、事務処理の過程に随時文書を利用することが必須であり、かつ有益である。

　例えば、被害者との重要な面談の後、その内容を議事録（資料10文例⑧）として書き送ればその時点での双方の認識、主張の内容が正確なかたちで保存され、後日の展開にどれだけ有益か計りしれないものがある。また、過失事案における治療費の自由診療から健康保険への切替えの要請などは、事故当初はいくら口で言っても理解されないことが多いが、早い段階で、要請の文書（資料10文例③）を出しておけば、極めて有効であるし、また後日の証拠ともなる。

⑸　約束の確認とその履行

　交通事故の処理過程においては、大小数々の約束が行われる。それは、「連絡する」「伝える」「金銭を払う」「文書などを届ける」「訪問する」などである。

　ことに事故後まもなくの間は、処理すべきことも多く、多くの折衝が持たれ、約束がなされるが、言うまでもなく事故処理担当者はそれを確実に守るべきである。

　そのためには、どのような約束がなされたのかが明らかでなければ話にもならず、そういった意味からも正確な対応をもって初めて、約束を守ることができる。そこで、話合い、交渉の終わりに当たっては、その中において何が約束され、次に何をするかを確認することが大切となるのである。

　だから、被害者の激しい攻撃に耐えかねて、一時しのぎのためにあいまいな発言をしたり、迎合的な言動をしたりすると、後日、必

ず嘘つきよばわりされて、より大きな負担をかかえることになる。とはいうものの、約束はその後の事情の変化により、そのまま維持できなくなることもある。

　例えば「○日までに調査して回答する」と約束したところ、その期日までに調査が完了せず回答できない、などがそれであるが、そのような場合でも、勝手に回答期限を徒過してはならず、必ず事前に連絡して期限の延期を申し入れる必要がある。

　こうした約束違反が被害者の感情を悪化させ、治療の遷延化につながったり、組織の問題としてクレームになるなど、大きなトラブルとなっていくケースが近時特に多いのである。

　「できない約束はしない」「した約束は必ず守る」というのは当然のことだが、事故処理担当者にとってみれば最重要なことなので、強調してし過ぎることはない。

　さらに言うならば、担当者としてやるべきことは、できるだけ早めに処理し、次は被害者側の回答ないし準備待ちの状態にしておくことが望ましい。例えば、「当方として現時点で考えている休業補償額は○○です。貴方から別の資料がいただければ再検討しますので、ご連絡ください」という文書を送付しておく。

　そうすれば、被害者から「その後何も連絡もない。ほったらかしだ」というクレームに対しても、「貴方からご回答がない以上、こちらとしては対応できません」と的確な反論ができるのである。いわゆるボールは持たない、いつも相手に戻しておくのである。

(6)　被害者感情、クレームの処理

　近時消費者保護、被害者保護が強調されている。これに伴い、被害者感情もより厳しくなり、事故担当者に対するクレームが多発し、会社や第三者の苦情処理機関、監督官庁などへの申立も急増している。

　ひとたびそのような苦情申立がなされると、担当者としてはその対応に莫大な時間と労力を要することになってしまう。中には自分

の主張が容れられないだけでそうした苦情を持ち出されるケースも
あるが、多くは連絡がない、約束を守らない、話を聞かないなどの
非難を伴う。

　そこで担当者としては、そうした非難を受けないよう上記で述べ
たように正確な対応で細心の注意を払うとともに、仮に苦情を受け
ても十分に説明できるだけの整理を常日頃から心がけねばならない
のである。

① 　聴取とメモ

　感情的な被害者と対応する時の重要なポイントは、被害者の感情
的な発言に対しては、一切反論、説明、説得をしないで、ただ要点
をメモしながら聞くだけにとどめることである。

　こうした時の反論、説明、説得は、苦情のむし返し、エスカレー
トを招くだけである。

　そして、一応終われば、その中の具体的要求のいくつかに答え、
約束をし、それ以外はすべて受け流して、最後に「お約束は………
でよろしいですね」と結末の言葉を述べるのである。

　このことによって被害者にはガス抜きの効果があり、また担当者
側としては約束違反といわれるリスクを回避できるのである。

② 　たらい回しをしないこと

　こうしたクレームについては、最初に話を聞いた人が十分な聴取
メモ、記録をつくらず、その結果十分な対応がなされないと、被害
者は何度もクレームを入れることになる。クレームを受けて対応す
るたびに担当がかわり、一貫した対応ができないのは最悪である。

第2　損害賠償制度の基本的な理解

事故処理に当たり常に念頭におくべき基本概念

はじめに

　交通事故による損害賠償額の算定方法については、永年の理論的、実務的積み重ねにより、大方の定型的基準が形成されている。

　示談交渉に当たって、担当者は、この基準を正しく理解し、これから逸脱した言動をしないように注意し、かつ被害者に対しても正確な言葉で繰り返しこれを説明するように努めなければならない。

　このような算定基準の概要やその理論的根拠については、本書の僚書ともいうべき「交通事故損害賠償の手引」をはじめとして、詳細な解説書が出版されている。したがって本書では、担当者が、事故処理に当たって常に念頭においておくべき、ごく基本的なものの考え方についていくつかを述べるにとどめる。

1　法定責任と契約責任

　交通事故による損害賠償責任の主要な根拠は、不法行為責任（民法709条）ないし運行供用者責任（自賠法3条）である。これを、法律が定めたことにより発生する責任という意味で、法定責任と呼ぶ。法律に定められた責任原因、損害の範囲、金銭賠償の原則、過失相殺等の規定を具体的事例に対して適用することにより、正当な賠償の範囲が定まる。

　法定責任の対語として、約束をしたことにより発生する責任である契約責任がある。

　担当者が事故処理を行うに際して、この両者の責任の区別を意識しておくことは重要である。なぜならば、両者の混同がしばしば交

渉がもつれる原因の一つとして挙げられるからである。つまり、法定責任であるからには、正当な損害賠償額は客観的な事実関係に基づいて決定されるものであり、示談交渉とは、お互いの資料と証拠により、この正当な賠償額を見いだしていく作業に過ぎないはずである。ところが実際には、「何が正当か」とか「立証書類があるか」といった本来的な論点ではなく、「誰かがこう言った」「こういう約束がある」といった法定責任以外の要素によって、交渉が歪められてしまうことが多いのである。

　また、この法定責任と契約責任の区別を意識しておくことは、不用意な言動により、余分な支払義務が生じることを防止する効用もある。この点については、次項で詳しく述べる。

2　関係当事者の法律関係

　交通事故が発生することにより、被害者、加害者以外にも、利害関係を有する当事者が多数登場することになる。例えば、物損事故を例にとれば、「保険（共済）者」「自動車修理業者」「レンタカー会社」「病院」「整骨院」などである。これらの者の法律関係を図示すれば、次のようになる。

図　関係当事者の法律関係

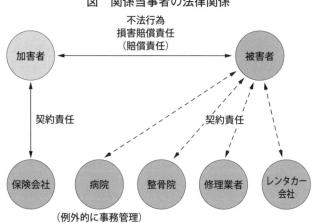

　この図において留意したいことは、第一に、被害者・加害者間の
みが法定責任であり、その他の関係は契約責任であるということで
ある。第二に、法律関係（債権債務関係）があるのは、それぞれの
線で結ばれた当事者のみであるということである。すなわち、保険
会社と修理業者との間には直接の法律関係はない。保険会社が修理
業者に修理代金を直接支払うのは、保険会社→【被保険者（加害者）】
→被害者→修理業者というお金の流れを全員の合意により省略して
いるに過ぎないのである。

注：保険法22条2項により、被保険者（保険契約者）が被害者に賠償金を支払
　　っていない時は、被害者の承諾がない限り、保険金の請求はできない。

　このことから、さらに次の二点が重要である。第一は、それぞれ
の法律関係から生じる具体的な支払金額が、必ずしも一致するわけ
ではないということである。過失相殺が行われる場合がその典型で
あるが、被害者が事故とは無関係な修理をあわせて依頼したような
場合も含まれる。

　第二は、本来は法律関係がないところに、これを発生させる言動
を行ってはならないということである。保険会社の担当者が、修理
業者に対して「修理費用は当社が負担します」と発言することによ
り、「保証」ないし「債務引受」による支払義務が発生することが
あるからである（少なくともそのように受け取られることによるト
ラブルの可能性が出てくる）。そして、この場合には、直接の権利
義務関係が生じることにより、本来の損害賠償義務（保険金支払義
務）を超えた支払責任を負担する場面も生じてしまう危険性がある
のである。

3　損害賠償の範囲（相当因果関係）

　交通事故に限らず、債務不履行や不法行為の損害賠償の範囲は、
原則として「通常生ずべき損害（通常損害）」に限られる（民法416

条1項)。これは、「あれなければ、これなし」の関係（これを講学上、条件関係と呼ぶ）に当てはまる事項のすべてを賠償の対象にすれば、連鎖的に次々と派生する予測不能な事項も含まれてしまうことから、賠償の範囲に一定の枠をはめようとするものである。これが、相当因果関係論の考え方である。

相当因果関係論の基本的な考え方は、賠償の対象となるのは、原則として「通常生ずべき損害（通常損害）」に限定され、それ以外の損害は、「特別損害」として具体的に予見可能だった場合にのみ対象となる、というものである。ここで、何が「通常損害」で何が「特別損害」であるかについては、多くの判例や賠償実務の積み重ねにより、その大部分が基準化、定額化されている。しかしながら、時代の変化により、この基準も変化するのは当然であり、担当者としては、常に判例などの研修を怠ってはならない。

ここで、相当因果関係の判断に迷った時の基本的な考え方について述べておきたい。第一は、「直接被害者の原則」である。すなわち、間接被害者は原則として賠償請求権を持たない。家族の付添看護費用などは、一見すると付添をした家族に請求権があるように見えるが、これも付添を依頼せざるを得なかった被害者の損害なのである。

したがって、会社の従業員が事故で休んだことにより会社に発生した損害などは、「企業損害」としてごく例外的な場合に限られることになる。

第二の原則は、「必要性と相当性の原則」である。類型的には通常損害に分類される損害であっても、この原則により十分に吟味する必要がある。例えば、車の修理期間中に無条件に代車費用が認められるわけではなく、通勤などの必要性の要件を確認する必要がある。また、期間についても、「一般的な修理に要する相当期間」であり、交渉が難航して延びた期間すべてが対象となるものではない。なお、「必要性」の要件について迷った場合には、「（加害者のいない）自損事故でも被害者が支出したであろう損害」か否かを検討してみるとよい。

4　損害賠償の減額要因（過失相殺、素因減額）

　相当因果関係のある損害であってもそのすべてが賠償の対象となるわけではなく、そこからさらに減額されたものが実際の賠償額となる場合がある。その最たるものが過失相殺であり、事故発生や損害拡大への被害者の寄与の程度に応じて、損害額を割合的に減額する制度である。

　過失相殺の割合については、実務的には事故態様別に類型化されており、修正要素も含んだ基準化が相当程度なされている（別冊判例タイムズ38号「民事交通訴訟における過失相殺率の認定基準」など）。したがって、担当者としては、できるだけ早く正確に事故状況を把握する作業が重要である。類型化しにくい事故状況の場合には、原理原則（優先通行権、危険者負担の原則、弱者保護の原則など）によって、比較的近い類型からの類推で割合を認定することになる。

　過失相殺の方法については、損害項目を累積して総損害額を算出し、これに加害者の過失割合を乗じて、そこから既払い額を控除する方法が一般的である。

　交通事故の損害賠償の根底には、「損害の公平な分担」という理念があることから、厳密な意味では「被害者の過失」とは言えない場合にも、過失相殺の規定を類推適用して、損害の減額がなされる場合がある。例えば、被害者が加害運転者の飲酒や無免許を知りつつ同乗したようなケースである（従前は、「好意同乗」という理由だけで割合的な減額がなされてきたが、最近は、このように被害者の同乗に過失的要素がある場合にのみ減額を認めるのが一般的である）。

　さらに、被害者に既往症や病的な素因があって、そのために治療が長期化したり後遺障害が重くなったような場合にも、過失相殺規定が類推適用されることがある。いわゆる素因減額である。もっとも、高齢化によるものや、疾病とは言えないような単なる体質的素

因の場合には、減額要素とすべきではないとされている。

5 保険法と保険約款の理解

(1) 保険契約の意義
　交通事故の損害賠償には保険（共済を含む。以下同じ）は欠かせないものとなっている。保険契約は、保険者が保険契約者から保険料を集め、被保険者等に損害が発生した場合にこれをてん補することを中核とする契約であり、保険契約の当事者ではない被害者に直接適用されるものではないが、賠償責任保険金が加害者の賠償責任部分をてん補しそれが被害者の損害に充てられる関係にあるため、被害者にとっても重大な利害関係がある。
　また、保険法のスピーディな被保険者救済等の精神は被害者との関係でも尊重されるべきである。

(2) 保険契約に基づく担当者の地位
　担当者の権限は、保険契約から発生しているため、担当者は保険契約およびその内容を示す保険約款を十分理解しておかねばならない。業として他人の法律事務を扱うことができるのは主に弁護士及び認定司法書士のみである（弁護士法72条等）にもかかわらず、担当者には被害者と交渉する示談代行という権限が与えられている。これは、損害賠償金が確定すれば被害者が保険会社に直接請求できる権限を保険約款が与えていることに対応して、被害者との交渉自体が保険会社の業務であると位置づけたためであることを忘れてはならない。保険会社が、当事者になりえない契約者自らの賠償請求権などは示談代行の対象とならないのである。

(3) 契約者のための保険契約と求償
　保険契約としては上記の責任賠償保険の外、加害者でもある契約者（正確には被保険者）に対して保険金を支払う車両保険、人身傷

害保険、無保険車傷害保険、搭乗者傷害保険等が存在する。

　これらの保険金を支払った場合、保険会社はその損害について責任のある者に対して、保険会社自体の求償事務として、交渉ができることになる。

⑷　被害者の先取特権

　平成22年4月1日に施行された保険法では、被害者保護の観点から、被害者が優先的に支払を受けられるように、被害者は、加害者が保険会社に対して有する保険金請求権に対して先取特権を有すると規定されている（保険法22条）。この規定により、加害者が被害者に対して支払いをすることなく、保険金を請求することはできなくなったことに注意を要する。

6　個人情報保護法への対応

⑴　はじめに

　個人情報とは、生存する個人に関する情報であって、特定の個人を識別することができるものをいう。

　示談交渉においては、当然のことながら被害者の住所、氏名、病状、治療歴などの個人情報を取得して交渉に当たることになる。従って、その取扱いについては法に則った取扱いが必要となる。本書では、交通事故の損害賠償交渉などの実務に必要な限度で、ポイントのみを解説することにし、法律の全容については他の専門書に譲ることにする。

⑵　個人情報の取得

　個人情報保護法ができたことにともない、個人情報を提供することを極端に嫌がる被害者が散見されるようになった（**34**）。

　個人情報は、利用目的を明らかにして取得利用しなければならないが、利用目的を偽ったり、違法な方法で取得してはならない。

特に、本人に対する不当な差別、偏見その他の不利益が生じる可能性のある、本人の人種、信条、社会的身分、病歴、犯罪の経歴、犯罪により害を被った事実、その他その取扱いに特に配慮を要する「要配慮個人情報」（個人情報保護法２条３項）の取得には、原則として、本人のあらかじめの同意が必要である上、これらは医療機関からの第三者提供という形で取得することが多く、保険会社として個人情報を取得する旨の同意を得るほか、医療機関が第三者提供をする点についての同意も必要である（書式例として、資料10文例⑥）。

(3)　個人情報の管理

　保険会社では、個人情報の取得目的を既にホームページなどで公表しているが、取得した要配慮個人情報を自賠責保険会社など第三者に提供するには、原則として、あらかじめの本人の同意が必要である（個人情報保護法23条１項）。この場合、第三者提供の範囲など説明が多岐にわたることが予想されるので、書面を交付し、書面による同意を取得することが望ましい（書式例として資料10文例⑦）。

　こういった個人情報は、保険会社内部では検索可能な「保有個人データ」として管理されていることが多く、本人への開示義務等が発生する。したがって、どのような内容をデータベース化するかについては慎重な検討を要する。

　また、交通事故の賠償交渉の過程で得られた個人情報にはプライバシーに関連するものも多く、終結したケースの書類を整理する際には、不要の書類が確実に破棄されるように気を配る必要があり、診断書や刑事記録などが外部に流出することがあってはならない。

　また、損害鑑定機関やリサーチ会社、保険代理店など外部の委託機関から個人情報が流出した場合にも、責任が生じる場合があることに留意する必要がある。

7　示談交渉からの反社会的勢力、非弁行為の排除

(1)　反社会的勢力の排除

　暴力団員が、交通事故示談に介入することは禁じられている。この場合、警察にこの事実を申告すれば公安委員会が中止命令を出してくれる（暴力団員による不当な行為の防止等に関する法律）。彼らは認定額を上げるためにはその手段は厭わないため保険会社（従業員）に被害が生じることがある。また、事件解決後、依頼者である被害者に多額の報酬を請求してそれが彼等の活動の資金源となり、被害者のためにもならない。

　平成23年10月１日にいわゆる暴力団排除条例が全ての都道府県で施行され、この条例は、事業者に対して暴力団員等に対する正当な理由のない利益供与や取引を禁ずることを骨子とする。

　条例違反の直接的な法的効果は、知事からの勧告がなされたり、利益供与の事実を公表されるという程度のものであるが、仮に暴力団であることで損害を加算などした事実が世間に知れると、企業の信用を大きく損なう事態を引き起こすことにもなりかねない。

　このような観点から、保険会社は、暴力団情報の収集を怠らず、査定担当者の安全を十分に図り、提出された証拠書類を慎重に検討する必要があるのであり、無理な要求があった場合には早期に法的手続に移行する体制を構築する必要がある。

(2)　非弁行為の排除

　弁護士資格がない者が、報酬を得る目的で、他人の法律行為の代理や鑑定を業として行うことは非弁行為といい、弁護士法72条により禁止されている。違反行為には２年以下の懲役刑が課される犯罪である。

　示談には、被害者の親戚の人、友人、知人、司法書士、行政書士、民生委員、議員の秘書の方など様々な人が代理人として登場することがある。その人が報酬を得ることを目的としていなければ、必ず

しも違法ではないが、大切なことは示談書をつくる時は必ず本人に確認することと、示談金の支払は本人に確かめて本人の口座に送金することである。

8　紛争処理手続の概要と特色

(1)　裁判所による手続

①　調停

当事者の互譲により紛争解決を目指す手続で、簡易裁判所に申し立てる。調停委員会（有識者の調停委員と調停担当裁判官とで構成）の斡旋、勧告を通じて合意の形成を目指す。当事者間の感情的対立が激しい場合などには有効なこともある。

②　訴訟

係争金額が140万円以下の場合には簡易裁判所に、これを超える場合には地方裁判所に訴えを提起する。地方裁判所の場合には弁護士以外の代理が認められないが、簡易裁判所の場合には、認定司法書士や裁判所の許可を得た者（保険会社の担当者など）が代理人となることができる。交通事故事件の場合には、6〜7割くらいが裁判官の斡旋による裁判上の和解で解決している。

③　少額訴訟

係争金額が60万円以下の場合には、原則1回の審理で終了する特別の手続が存在する。ただし、相手方がこの少額訴訟手続に異議がないことが条件となる。

(2)　裁判外手続

①　公益財団法人交通事故紛争処理センター

嘱託弁護士を常時配置して、被害者、加害者双方の主張を中立の立場で法律相談を行い、和解の斡旋も無償で行っている（ただし、和解の斡旋は加害者側に任意保険（共済）が付いているケースのみ）。東京の本部の外、全国の高等裁判所所在地7か所に支

部があり、さいたま、金沢と静岡に相談室がある。保険会社は紛争処理センターの裁定に拘束される仕組みになっている。

② **公益財団法人日弁連交通事故相談センター**

　全国各地の弁護士会内などにおかれていて（東京都などでは市役所内にもおかれていることがある）、交通事故に詳しい弁護士が無料で相談、示談の斡旋を行っている（資料11参照）。

9　トピックス

(1)　令和2年4月1日から施行された民法改正による変更

①　法定利率の変更

　民法に定められている法定利率が、令和2年4月1日以降発生の事故から年5％から年3％に変更された。

　これに伴い、令和2年4月1日以降に発生した交通事故による損害の賠償責任に関する遅延損害金は年3％となった。

　また、逸失利益の中間利息の控除も原則として年3％のライプニッツ（複利年金）係数によることになる。

　たとえば、10年の係数は5％なら、7.7217であるが、3％なら8.5302となり、控除額が減ってその分賠償額が増える。

②　時効

　一般の債権の消滅時効は5年と定められた（民法166条）が、交通事故の損害賠償債権は従前通り3年（民法724条1項）のままである。

　しかし、「人の生命、又は身体を害する不法行為による損害賠償請求権」の消滅時効は5年とされた（民法724条の2）。

　これにより、物損の消滅時効は3年、人身は5年となる。

　但し、自賠責保険や任意保険の時効は従前通り3年である。

(2)　その他、近時の重要な判例、学説

　① 　最高裁判所令和２年７月９日判決

　　４歳の男児が脳機能障害により自賠責等級３級の後遺障害を残した事例の将来の付添看護料、逸失利益について、最高裁判所は被害者が18歳に達した時から67歳までの49年間、毎月定額の支払いを命じた１審札幌地方裁判所、控訴審札幌高等裁判所の判決を維持した。（ **118** ）

　② 　鞭打症に関する心因的要因についてビッグデータに基づく論文

　　林和寛氏及び三木健司氏は、自賠責保険が2014年10月から2015年９月までの１年間に取り扱いした全件のうち、外傷性頸部症候群を主病名とし、骨折、脱臼、脊髄損傷のあるものを除いた52,251例について、統計学的手法による調査を行った論文を発表した（「心理・社会学疼痛　日本における外傷性頸部症候群の全例調査から」臨床化学 vol.148 No.3 、2019年７月）。同論文では、140日以上の入通院日数を要した例について、女性、高齢、頸部以外の傷害があることは有意な関連因子であるものの、物損金額、相手車種、衝突様式とは有意な関連因子ではないと結論づけられており、外傷性頸部症候群は器質的な外傷に伴う侵害受容性疼痛や神経障害性疼痛ではなく、心理・社会的な疼痛であると指摘されている。

第3　加害者への対応・アドバイス
加害者に生じる問題と事故処理担当者の役割

はじめに

　事故を起こすと、加害者は数多くの困難な問題に直面する。

　通常、起こりうる法律的な問題を数え上げただけでも、刑事処分の問題、行政処分の問題、賠償責任の問題があり、さらに、被害者に対する厳しい道義的責任の問題もあるので、加害者本人の精神的、心理的負担、葛藤は計りしれない。

　担当者はこのうち賠償問題のうちの賠償支払にのみ、契約に基づいて職務上関与するのであり、それ以外の問題については直接の権限も義務もない。

　そこで、担当者が個々のケースを取り扱うに際しては、最初に契約の内容を確かめ、その仕事の範囲を再確認するところから、出発しなければならない。

　加害者の刑事、行政上の責任の処理はもとより、加害者自身の人身被害や車両の損害の処理も、契約に車両保険（共済）や人身傷害補償保険（共済）が適用される場合でない限り職務の範囲外（サービスとしてお手伝いするのは別、50頁参照）であり、こうしたことを加害者に説明することが必要なのである。

　その上で、担当者は、加害者に対してよきアドバイザーとなり、正しい情報を提供することにより、その心理的不安を取り除いて、最善の結果へと導いていかなければならない。

　こうした法律問題は極めて微妙で、複雑な内容を持っているので、担当者の立場上、職務上、また権限のうえからも、できる（しなければならない）ことと、できない（してはならない）ことの区別が

重要である。

　したがって、事故処理担当者が示談交渉を進めるに当たっては、加害者が事故を起こしてしまったことにより直面するこうした問題点について、正しい知識と理解を持ち、そのうえに立って、自らなしうることとその限界を正確に把握しておかなければならない。

　以下、こうした観点から順次検討する。

1　刑事責任

(1)　刑事責任の概要

　懲役、禁錮、罰金の問題である。警察、検察庁、裁判所がこれを取り扱う。

　付随的ではあるが、公務員や弁護士等の資格者などにおいては、懲役・禁固の判決が確定すれば、たとえ執行猶予となっても、公務員としての身分や法律上の資格を失うという極めて重大な問題もある。

　刑事処分の詳細は、資料1のとおりである。

(2)　事故処理担当者の役割

　交通事故加害者の刑事責任は、国家と個人の関係における責任問題であり、賠償責任保険責任などとは、まったく別の法的関係である。

　しかし、事故状況やその責任問題は、この刑事手続でほぼ明白となり、確定されるので、その結果・内容は、示談に決定的な影響を及ぼす。

　重大事故を起こしてしまい、刑務所に収容されるか否かの瀬戸際の加害者や、執行猶予になっても職を失うことになる公務員などにとっては、この刑事処分の成行きが、最大のテーマとなる。

　そして、この刑事処分の量刑に示談の成否・内容が関連してくるケースにおいては、事故処理担当者はこの問題を完全に枠外におい

て仕事をすると、不十分なサービスと評価されてしまうことになる。

　しかしながら、刑事手続は極めて専門的なものであり、担当者が不用意にこれに介入し、誤ったアドバイスを与えたりすると、取り返しのつかないことになる恐れもある。

　そこで、刑事処分については、あくまで加害者本人の問題として独自に対応させるべきであるが、先述の視点より、担当者が特に留意すべきことをまとめると、次のとおりである。

① 　加害者へのガイダンス

　事故、特に重大事故を起こせば、刑務所に収容されるなどの刑事処分があること、公務員などについては、身分上の問題も起こりうることを告げる。近時、刑事処分においては、被害者の意向が重視され、重大事故の処分が従前に比してかなり厳しくなっているので、被害者にはできる限りのことをして誠意を示し、その宥恕（ゆうじょ）を得ようと努力するとともに、重大事故の場合、早期に専門の弁護士に相談し、意見を聞いておくようアドバイスする。

　このアドバイスにおいては、あくまで専門家の意見を求めるように勧めることに主眼をおき、処分の見通しについての意見、判断は極力、慎まねばならない。なぜなら、万一、アドバイスと異なった結果になった場合、重大な問題に発展するからである。

② 　示談時の配慮

　示談の成否・内容は、刑事処分の量刑に影響するので（資料１）、示談の経過・内容については、加害者と密接な連絡をとり、刑事処分の観点から、加害者が自分の意思で示談金の一部の自己負担の有無およびその範囲を判断する機会を提供しなければならない。

　ただ、ここでも、その判断はあくまで加害者が自主的にするよう取り計らうべきであり、仮に相談を受けても、専門外のこととして、担当者は専門家の意見を聞いて決定するよう加害者に勧めねばならない。

これは、加害者に自己負担するようアドバイスしても重い刑となって失敗すれば、非難を受けるのは必至だし、たとえうまくいっても、日がたつと、「不要ではなかったか」という気持ちを、加害者に残しかねないからである。

③　略式命令への注意

交通事故の多くのケースにおいて、刑事処分は略式命令という簡単な手続で罰金刑が言い渡され、終わってしまう（資料1参照）。

これに対し、たとえ加害者が事故の責任原因について、警察や検察庁の判断に不服があったとしても、これを争うこと自体がわずらわしいので、略式命令を安易に確定させてしまい、罰金を払ってしまう場合がある。

しかし、この刑事手続の結果は、賠償問題の前提となる責任原因、事故原因の確定についても、決定的なウエイトを占めているので、異議を述べずに確定させてしまうと、あとでこれと異なる内容を主張しても、容易には認められなくなる。

したがって、略式命令と言えども、その対応には以上のような効果も忘れず、場合によっては労をいとわず、異議申立をして正式に裁判を開いてもらい、当方の主張を十分に展開する必要がある。

この手続には、弁護士が必須である上、後述の弁護士費用補償特約は使用できないため、この点に関するアドバイスも必要である。

2　行政処分

(1)　行政処分の概要

反則金、運転免許の停止、取消し等の問題である。公安委員会がこれを取り扱う。

タクシー会社などの運送事業者においては、営業上の免許などの停止、取消の危険もある。

詳細は資料2のとおりである。

(2)　事故処理担当者の役割

　公安委員会が行う行政処分については、刑事処分ほどの裁量の幅はなく、その処分はほぼ一定の基準でなされているし、また、その苛烈性においても、刑事処分ほどではない。

　したがって、通常はそれほど問題になることはないが、職業運転手など免許がなければ仕事にならない人にとっては、相当な打撃であるし、ことに免許取消しのボーダーラインにあるケースにおいては、努力と工夫の値打ち、効果のある場合がないではない。

　そこで、ここでも刑事処分において述べたのとまったく同様、早い時期に加害者にこの問題点を指摘して、必要なら専門家に相談するようアドバイスしておくことが大切である。

　ことに長期の停止処分などの重い処分の出る場合は、あらかじめ聴聞の通知がくるが、もし手を打つとすれば、その聴聞期日前にしておいた方が効果的である。

　事故処理担当者が、こうした相談を加害者から持ちかけられた場合にも、安易な対応は許されず、至急、専門家の意見を求めるようアドバイスするのが無難であろう。

3　賠償責任

(1)　賠償責任と保険・共済の基本構造

　被害者に対する損害賠償の支払いの問題である。

　また、場合によっては自らの損害を請求しなければならないという問題をかかえることもある。

　事故について有効な自動車保険・共済（自賠責保険・任意保険あるいは各種共済）がある場合、「加害者に賠償責任のある正当な損害」は、その契約限度額以下であれば、「すべて」保険・共済から支払われる。

　もちろん被害者にも過失のあるときや、被害者が正当な必要性もないのに長期間の入・通院をした場合などの損害については、保険・

共済はこれを支払しない場合があるが、それは本来、加害者がそんな賠償責任を負っていないからであって、加害者が裁判所から交通事故による損害として支払を命じられるようなものは、契約限度の範囲内であれば全部、保険・共済が支払うのである。

　したがって、法的には、加害者が保険・共済があるにもかかわらず、多額の賠償金を負担しなければならない、ということはあり得ない（ただし、刑事責任において有利な事情とするために、特別に誠意を尽くす場合は別であるが、これは本来の法的な賠償責任の問題ではない）。

　ただ、何が「正当」かについては、保険会社・共済の考え方と被害者の見解が一致しないこともあり、そうした場合は、最終的には裁判手続によって、その内容を定める必要があるが、そうなっても、保険・共済はその手続費用一切から、裁判所の定めた賠償金のうち契約限度内（近時の自動車保険は少なくとも対人賠償責任保険はほとんどが無制限となっている）まで一切の支払をなすので、加害者の負担は生じない。

　これが賠償責任と保険・共済の基本構造であり、事故処理担当者は常にこのことを念頭におき、関係者に周知させなければならない。

(2)　加害者へのアドバイス

　加害者が、賠償問題について被害者と対応するときの総論的な注意事項は、序論で述べたことがほぼ当てはまるが、各論的なものは、あとの「示談交渉の技術」編で述べる。

　ここでは、先述の基本構造に関連して、次のことを指摘するにとどめておこう。

　よく被害者側から、「保険・共済で出ない分は加害者に出してもらう」「家屋敷を差し押さえ、足りない分は親戚からでも取り立てる」などと言われて、困惑している加害者がいる。

　このような例は決して少なくなく、事故処理担当者としては、そのような加害者に対し、まず先述の理を述べ、基本的な安心感を持

たせることが肝心である。

　なぜなら、もし加害者がこうしたことに不安を持ったまま、被害者と対峙すれば、加害者は過度に防衛的な言動をとることになり、さらに被害者感情を悪くしてしまうからである。

　だから、「正当な補償は、最後には必ず保険・共済がしてくれるので、自分はそれを前提として、できる範囲で誠意を尽くせばよい」と、加害者に理解してもらわねばならない。

4　道義的責任

　被害者を死傷させたことに伴う謝罪、見舞いなどの人道的責任である。

　事故の程度にもよるが、加害者は被害者に対し、相手の身体・財産を傷つけた者として、相当に重い道義的責任を負う。

　この道義的責任には、万人に通用するような一定の尺度というものがないため、被害者の要求は際限なく拡がる可能性がある。その要求は単に金銭的なことだけにとどまらず、例えば、「毎日、病院への送迎をせよ」「家に来て代わりに働け」「壊れた車と同じものを持ってこい」「この身体を元通りに戻せ」というような要求も当然、出てくると思われる。

　このような要求について、加害者側はひたすら頭を下げるしか方法がないので、その辺りから、加害者と被害者の間に感情的な行き違いがエスカレートし、事故による不幸な状況をますます深刻なものとしてしまう。

　こうして、被害者は必ずと言っていいほど、加害者を「誠意がない」と言って、非難するに至るのである。

　一方、事故処理担当者はこうした道義的責任を負うものではなく、その認識と区分が担当者の職務遂行に不可欠であることも、序論で強調したところであるが、加害者の悩みに対して適切なアドバイスをすることは、非常に重要である。

この問題は、法的次元の問題を離れ、極めて人間的なものである
ため、画一的にこうすべきであると言うことはできないものである
が、筆者は加害者に対し、こうした道義的責任のとり方の金銭的な
部分については、だいたい次のようにアドバイスしている。

①　まず重大な被害を与えた加害者として十分反省し、謝罪の態度
　　を示す。
②　相手の要求をよく聞いて、それが金銭的なことなのか、その他
　　のことなのか、正しく見極める。
③　金銭的なことであれば、保険・共済担当者とよく打ち合わせて、
　　保険・共済が正当な損害として承諾するのはどこまでかをハッキ
　　リさせ、相手の要求との差を正確に把握する。
④　そうしたうえで、加害者が道義的責任として負担しようと思う
　　範囲を、本人自らの責任で決定する。
⑤　これを誤解のないように被害者に伝え、着実に実行する。
⑥　その誠意が相手に通じず、非難が出たときには、可能な範囲で、
　　先述の判断を修正すべきだが、無理だと考えるときは、その場し
　　のぎのあいまいなことは言わず、ハッキリ断る。
⑦　こうして、自らやると決めたことをハッキリ相手に告げ、かつ、
　　その実行に着手しても相手がまったく理解を示さず、それを続け
　　ることがまったく無意味、もしくは逆効果ともなると思われると
　　きは、すべてをとりやめる。

　要するに、道義的責任というのは、法的なものでなく、人間的な
ものであるから、その最終判断は自分の良心にあると言える。
　だから、自ら省みて恥ずかしくないだけのことをしておけば、相
手がこれをなんと評価しようと気にすることはないのである。
　加害者が被害者の感情的、無限定な要求に流されず、毅然とした
態度をとれば、被害者側も自らの無理に気づいて、反省するきっか
けとなるのである。

　また、被害者がよく口にする言葉として、「自分は何も無理なことは言っていない」というのがあるが、これは裏を返せば、被害者も感情的な怒りから加害者にキツイことを言いつつも、常に「無理なことを言っているのではないか、そうは思われたくない」という心理状態を持っていることがうかがわれるのである。

　しかし、いずれにせよ加害者は加害者である。被害者に対する謝罪の気持ちを忘れてはならない。

5　被害者からの攻撃に対するアドバイス

　事故を起こすと、加害者は被害者から数々の要求をつきつけられ、また、感情的な非難を浴びる。

　これは本来、避けがたいことではあるが、賠償交渉が難航すると、この攻撃はますます強くなる。

　その結果、「被害者側の人がいつ押しかけてくるか、不安でたまらない」「いろいろ脅かされて、家族中、電話ノイローゼになってしまった。何とかしてくれ」というような訴えが出てくる。

　こればかりは、相手をできるだけ刺激しないように、ひたすら頭を下げているよう指示する以外にないのであるが、その内容、原因を調べてみると、いろいろなケースがあり、むしろ加害者に問題があるケースも少なくない。

　その一つは、加害者が被害者に対し、その場限りの無責任な言動を重ねた結果、被害者の感情を悪化させている例である。

　日本人は元来、「ＮＯ」と言えない性向があり、ことに加害者となると、ますます萎縮してしまい、あいまいな返答をして相手に期待を持たせ、そのあげく、裏切ったと思われてしまうのである。

　もう一つは、加害者が被害者の言動を誇張している例である。加害者は被害者との対話に、はじめから威圧感を感じているから、少しのことでも重大に受けとめ、大変なことと思ってしまうのである。いわゆる過剰防衛的発想である。

筆者はこのようなとき、加害者に対しては、交渉経過の詳細なメモの作成を指示している。

日時、場所、時間、関係者を特定し、双方の会話の内容を、大切なところはその言葉のまま、「　」付きでメモするよう求める。

こうすることによって、言われたこと、当方のした約束が明確になり、誤解も生じにくいし、また対策も立てやすくなるのである。

また、脅迫がひどい場合には、録音も指示する。筆者の経験では、こうした指示を出すことによって、むしろ加害者の言動が変わり、これが相手方に影響して問題を軽くしていくことの方が多いようであり、録音・メモを用いた結果、脅迫等で告訴しなければならないようなケースは、ほとんどないと言ってよい。

しかし、ごく稀にではあるが被害者の言動が常軌を逸している場合も皆無ではない。そうした場合には、正確な事実関係の記録、報告に基づいて、訪問・架電・面談禁止命令を求める仮処分手続や、警察への通報、脅迫罪、強要罪等の刑事告訴の手続をとることとなる。

6　加害者側の損害

(1)　各種保険・共済による填補

交通事故については、事故の相手方への賠償金（保険）のほか、自らの契約する保険からも各種の支払がなされることがある。保険契約の内容は各社において必ずしも同一ではないが、担当者としては、こうした保険のことも念頭において契約者、被保険者にアドバイスしていく必要がある。

①　対人賠償保険

相手方の人身傷害について支払われる。

示談代行として担当者が契約者の依頼を受け、処理することができる。

② 対物賠償保険

　相手方の物損について支払われる。

　示談代行として担当者が契約者の依頼を受けて処理する。

③ 人身傷害補償保険

　自動車保険契約に特則として契約されるもので、一般に契約車に搭乗していて事故にあい、負傷すれば、一定の規準で治療費、休業損害、慰謝料が支払われるものである。契約内容によっては、契約車両に搭乗していなくとも支払われる場合がある。

④ 無保険車傷害補償保険

　相手方に任意保険契約がなく、死亡または後遺障害が残る負傷をした時には、あたかも自分の保険が相手車に契約されていたように保険金が支払われる。人身傷害補償保険のある時は、その支払の範囲ならこの保険は支払われない。

⑤ 自損事故保険

　自分の全面過失などで自賠法3条の責任を負う者がいない場合で、負傷内容に応じて、定額の保険金が支払われる。

　この保険も人身傷害補償保険のある時は、その支払いの範囲なら支払われない。

⑥ 搭乗者傷害保険（ＪＡ共済は傷害定額共済）

　契約自動車に搭乗していて負傷すれば定額の保険金が支払われる。

⑦ 車両保険

　自車の損害に対して支払われる。

⑧ 弁護士費用補償特約

　契約者が被害者から損害賠償の請求を受けたときの示談や裁判に対応する弁護士費用は、従前から保険会社が負担してきたが、平成25年頃より契約者が自らの損害について相手方に請求する際の弁護士費用等も支払いされる特約も設けられ、普及してきている。多くの保険では、限度額は相談費用が10万円、裁判・示談費用が300万円である。但し、契約者の刑事弁護士費用は支払の対

象ではない。

(2) 各種保険処理の注意点

　交通事故においては、一応、加害者側とされても、加害者の自動車も損傷するであろうし、加害者自身も負傷することもある。

　事故が加害者の一方的過失の場合には、それに伴う損害は、すべて加害者の負担であり、相手方に賠償請求しうるものは何もないが、そうではなく、双方過失の場合、この加害者側の損害の処理（車両保険、搭乗者保険、人身傷害保険のことは後述する）のことも、忘れてはならない。

　この場合、まず明確にしておかなければならないのは、その損害の最終的帰属と事故処理担当者の立場、職務範囲である。

　加害者の人身損害については、通常、その損害の賠償請求権は原則として加害者個人に帰属するし、物損についても同様である。

　このような場合、加害者の損害賠償の請求・取得は、本来、加害者自身がその責任と権限において行うべきことであり、事故処理担当者の職務と権限の範囲外である。

　このように、事故処理担当者の職務は、まずは契約者との対人、対物保険契約にもとづき、契約者の依頼を受けて相手方の損害についての賠償処理の示談代行であり、加害者本人の損害を相手方と交渉して回収することは、上記相手方の損害処理の中で差し支えのない範囲でのサービス業務にすぎないことを認識しておかねばならないので、その処理に当たっては、次の論点を忘れてはならない。

① 対人、対物契約による示談代行

　担当者は、契約による被害者から会社への直接請求権を前提として、契約者の依頼を受けて示談代行を行い、示談をして示談金を支払うので、その手続には示談代行業務についての契約者の依頼と示談、支払についても同意を要する。

　この場合、保険の掛金にも影響することの説明も必要である。

② 契約者の人損、物損の処理

　上記のように契約者の損害の処理については、担当者は責任と権限を持っておらず、弁護士法との関係で正式に委任を受けることもできないため、サービスとして相手方の意向を確かめ、これを契約者に伝え、アドバイスするにすぎない。

　従って、示談交渉の中で、過失割合や契約者の希望する損害額について相手方があくまで同意しない時は、無理な交渉は続けないで契約者の損害については弁護士費用補償特約がある時は弁護士を紹介して、別途弁護士委任をすすめるなどして手を離し、相手方の損害についてのみ契約者の同意が得られれば示談して支払をするが、そうした時は契約者は同意しないであろうから、示談代行は打ち切り、対人、対物交渉も保険、共済として弁護士委任を検討する。

　なお、契約者の損害について、少額訴訟の手続を紹介するのはいいが、勧めるのは慎重でなければならない。少額訴訟といえども裁判であるから担当者は代理人として関与することはできず、アドバイスはできても手続はすべてを本人が裁判所に出席してしなければならず、相手方が少額訴訟の手続を拒否すれば通常裁判になるし、その結果は予断を許さず、あとで苦情が出ることになるおそれがあるからである。

　特に双方少額の損害の物損事案においては、対物、車両契約を使った時の掛金の問題もあり、より訴訟が困難なケースもある。担当者がそうしたケースを長期間放置したら、契約者から責任を追及されることにもなるので、早期に事情を説明して手を引くべきである。

③ 物損についての相殺

　平成29年の民法改正により、令和2年4月1日以降に発生した交通事故については、物損（人損の損害はダメ）損害賠償債権・債務は互いに相殺できることになった。被害者が無資力であるため、加害者の損害が取り立てられないという危険についてはかな

り軽減されることとなったが、今度は、加害者の損害賠償請求権という担当者の職務の権限外のことまで、示談書に盛り込まなければサービスとして不十分と言われかねないことになるため、担当者の立ち位置についてはさらに慎重な配慮が必要となってくる。

第1 ビジネストーク例

好ましい話法と問題を残す話法

　本項で取り上げる問答集は、すべて交通事故の示談交渉のあり方にかかわる問題であり、ここでもポイントは、「対等・平等の立場」と「正当な補償」の2点を中心とした正確な対応である。

　上記の二つの原則の重要性については本書において再三指摘してきたところであるが、実は両者は密接な関係性を有しており、そのいずれの観点を欠いても適正な損害賠償という示談交渉の目的を達することはできない。このことを担当者としては今一度銘記すべきである。

　すなわち、被害者側の圧力に屈し、あるいは加害者の道義的責任に引きずられて、「対等・平等」の立場が維持できず、あるいは逆に被害者が賠償問題に知識がないことから担当者が優越的立場に立って、不用意にあれこれ教示したりすれば、いずれの場合もその後の交渉は歪んだものとなってしまい、示談の内容も「正当な補償」とは程遠いものとなってしまうであろう。担当者が常に「正当な補償」を行うのだという信念を持っておれば、どんな場合にも被害者に対して心理的負い目を感じることなく、また不用意に優越的な言動に走ることもなく、「対等・平等」の立場を貫くこともできようというものである。事故処理担当者は常に先入観なく白紙の状態で、被害者の痛みには十分心しつつも、その事故の「正当な補償」は何かを被害者と「対等・平等」に真剣に考えるという姿勢で対応すべきである。

　本項は、こうした観点から想定問答を解説するものであるが、そこから示談交渉においては、次のように多用すべき用語例と危険な用語例が明らかとなる。

1 あいさつ

「このたびの事故で、被害を受けられたこと、大変お気の毒なことでございました。

この事故車には、当○○損害保険株式会社に自動車保険契約がございますので、○○様の蒙られた損害で、 法的に正当な部分は、加害者の責任の範囲内ですべて当社よりお支払いすることになります。私はこのたびその担当者になりました××でございます。よろしくお願いいたします」

解　説

担当者には道義的責任はない。礼儀をもって加害者の責任範囲内で法的に正当な補償に努力することが責務である。

次のような発言は誤解を招くので避けねばならない。
■■■■■■■■■■■■■■■
「このたびの事故では大変ご迷惑をおかけいたしました。つつしんでお詫びし、誠意をもってあたらせていただきますのでよろしくお願いいたします。

十分な保険契約がございますので、補償は十分にさせていただきますのでご安心ください」
■■■■■■■■■■■■■■■

2 必須告知事項

(1) 事故車の鑑定のための入庫依頼、その結果の通知

① 「車の損害の把握に必要ですから、できるだけ早く入庫し、入庫先をお知らせください。当方のアジャスターを派遣します」

② 「鑑定の結果、修理費はおおむね○○円となりました。正当な修理費で、当方の責任分は払いますので、修理にかかってください」

③ 「鑑定の結果、全損となりました。時価額は○○円です。これが補償の基準となります」

相手が「修理しない、代わりの車を持ってこい」と言っている時にも、必ずこの要請はしておく。

「要請をした」、「断られた」という経過を残す。

(2)　代車の必要性の聞き取りと返還期限の通
　　　知

　「代車は必要ですか。どのような用途です
か。必要でしたらレンタカーをお届けします。
修理が終了したらお返しください（○月○日
までにお返しください）」

| | 解　説 |

　ご機嫌とりに要求もされな
い代車を届けない。
　どういう理由で代車を要求
されたかを残す。

(3)　過失割合の通知

　「今回の事故の過失割合は今のところ当方
○、あなた側△と見ていますので、補償にお
いて○％の範囲となります。

　ただし、この割合は将来刑事記録などで詳
しいことがわかれば再検討します」

　調査未了だから過失には言
及しないというのは間違い。
できるだけ早く素直な見解を
出しておく。
　根拠に乏しいからといって
控えめなことは言わない。
　ただし、伝える機会と相手
の選択は、相手の気持ちを考
えて行う。

(4)　健保要請

① 「あなたの側にも過失がありますので、
　治療は健康保険をご利用いただいた方がい
　いと思います。保険証を病院に出して頼ん
　でください。あとの保険組合などへの手続
　は私の方でお手伝いします」

② 「治療と事故との間の関係が問題となる
　恐れがありますので、健康保険を使われた
　方がいいと思います」

③ 「治療も長引き、治療費も高額になって
　いますので、健康保険を使っていただけま
　せんか」

　資料10文例③参照

3　有益な用話例

① 「すみません。誠実に間違いなくご説明
　したいので、お尋ねになりたいことをもう
　一度まとめていただけますか」

　被害者の発言は、多くの場
合聞いて欲しいという苦情が
主である。
　うっかり「わかりました」

「はい」と言うと、あとで「わかったと言ってわかっていない。だました」と言われることになる。

　このように、問い返すと答えは必要がなくなるのがほとんどである。

② 「ご質問の趣旨は、○○のことと理解してよろしいですか」

　同上である。こちらでまとめてみても、その通りの回答になることは少ない。違うと言われることを覚悟して簡単に述べて、違う場合は相手にまとめさせる。

③ 「そのご質問には今すぐお答えできませんので、○○までに改めてご返事します。貴方様にご回答すればよろしいですね」

　答えにくいことは即答の必要はまったくない。

　ただし、この約束をしたら必ず守ること。回答先の電話番号などを確定することも大切で有用である。

④ 「今日いろいろお伺いしました。その中で私の方でさせていただく約束事は、

　　1、○○○○、

　　2、○○○○、

　　3、○○○○ですね。

これらはすぐに（または○○までに）必ずいたします」

　こういうまとめをしないと、あとでいろいろ約束違反を言われる恐れがある。

⑤ 「では、あなたの方で、

　　1○○○○、　2○○○○

をしていただけますね。お待ちしています」

　こう言っておいても、時間がたつと「何の連絡もない。ほったらかしだ」と言われるくらいである。

⑥ 「お伺いして1時間経ちました。そろそろお話をまとめて、今後どうさせていただくかを相談させてください」

　この発言は有用である。そのあと、上記④、⑤をする。

解　説

⑦　「お伺いして長時間経ちました。これ以
　　上お話をお伺いしても仕方ありませんの
　　で、このへんで失礼します」

　本当に必要な話は、1時間
も必要はない。
　3時間、4時間の話合いは
ほとんど意味がない。むしろ
有害なことの方が多い。

⑧　「そのようなお言葉では冷静な話はでき
　　ませんので失礼します(帰る、または電話を
　　切る)」

　脅し、悪口などがひどい時
に言う。
　ビジネス社会では交渉に
は、行かない自由、帰る自由、
質問にも答えない自由があ
る。電話でも、出ない自由、
答えない自由、切る自由があ
る。この自由を行使しないで
強制されたと言っても始まら
ないのである。

⑨　「あなたと私は立場は違っても人間とし
　　ては対等、平等でしょう。そういうお話は
　　おかしいと思います」

　あまりの無理難題、ひどい
発言に対して言う。

⑩　「すみません。これだけはお伝えしてお
　　きたいので、すこし私の話を終わりまで聞
　　いてください。2～3分もとりません」

　感情的な相手は、このよう
に言っても途中で口をはさみ
聞いてくれない。何度でも言
って聞いてもらうが、それで
もだめな時はあきらめて当方
の言いたいことを手紙にして
出しておく。

4　問題のある発言例
　　（個人的不規則発言）
①　私はベテラン、任せておけば悪いように
　　はしません。私が責任を持って最後までや
　　ります。
②　保険のことは任せてください。

　このような発言が最も悪
い。立場を理解していない。
本当なら背任的な行為とな
る。正しくは次のようなこと
になろう。
　「私はプロ、間違ったこと
はしないつもり。しかし、是
は是、非は非。あなたも信用
できる詳しい人に相談してく
ださい」

（賠償勧誘的発言）

① 週2回以上病院に行っていただかないと、休損、慰謝料が出ません。

解説

解　説

治療は被害者の責任と権利。保険者、加害者は一切介入してはならない。

「当方は治療には一切介入しません。必要な範囲でご自由にしてください。正当な治療費などは補償します」

② この用紙で出してください。休損を払いますから。

資料を見もしないで支払約束ととれるような発言はしてはならない。

正しい説明は次のとおり。

「事故で減少した収入が休業補償です。収入がいくらあったかと、いくら減ったかの資料が必要です。普通は、この用紙が使われます。源泉徴収票・確定申告書があれば収入の認定は容易です」

③ 代車をすぐ届けます。

代車は要求されて出すもの。55頁を参照。

（無責任発言）

① はい、わかりました。
（長い苦情のあとで）

何がわかったのか特定しないと大変なことになる。

「お話（気持ち）はしかと伺いました」である。

② それは保険では払えませんので、加害者（契約者）に伝えておきます。（あるいは、契約者に言ってください。）

正当な補償で、保険で払えないものはない。

無理な要求は、「保険は正当な損害は補償いたしますが、それは正当な賠償の範囲外ですからお支払できません」である。保険会社の支払基準から形式的にはずれても、正当なものは支払を免れない。加害者に払わせることはできない。

③（金額、期間を特定せずに、タクシー代や
　代替労働費用を）支払います。

　支払を約束するときは、必
ずその条件、金額、支払日等
を明示しておかないと、後日
嘘つきとの非難を受ける。
　「タクシー代は、御自宅と
病院間、片道○○円程度とし、
当面必要な期間、改めて当方
より中止すると申し上げるま
では、お支払します」

第2　交渉事例
1　交渉一般

1　保険・共済と話をしようとしない

被害者側の発言	回答例
保険屋さんに用はない。事故を起こしたのは加害者だから、加害者と話をする。 　保険屋さんは帰ってくれ。加害者とだけ話をする。	加害者との契約により、この事故による正当な補償は、そのすべてを当社が負担する用意があります。 　加害者はこうしたことに知識がないので、担当者がなかに入って話を進める方が、スムーズだと思います。

解説　　被害者が担当者との話合い、あるいはその立会いを拒否すれば、これは強制できない。しかし、そのような態度は、一般には合理的なものとは考えられない。こうした場合、加害者が自らの責任と判断で、単独で交渉に臨むことは自由であるが、反対に保険・共済の担当者抜きの交渉、話合いを一切断って担当者と共に席を立つことも自由である。

　担当者が席をはずし、加害者だけが残れば、加害者が道義的責任を責められて不当な示談や約束をしてしまった時には、担当者の責任とされかねないので、担当者としては自分だけ席をはずすことは極力避け、加害者も一緒に帰るよう説得すべきである。

　しかし、加害者が自らの意思で残るというような時には、加害者には、予め別席で必ず次のアドバイスをしておく必要がある。

①　一人で残るのも自由であるが、帰るのも自由であること

② 一人で残っても、よくわからないこと、自信のないこと、できないことは約束しないこと

③ 法的に無理な示談、約束は、保険ではカバーされないこと

④ 終わったらその結果を正確に報告してもらうこと

⑤ できれば近くで待機し、随時連絡してもらうこと

　この結果、話合いがまったく進まないこととなって被害者自身が不利益を受けることになっても、それは被害者自身の不合理な態度に原因があり、やむを得ない。

| 関連問答 | 「担当者は帰れ」 |

被　保険屋には用はない。帰れといったら帰れ。

担　仕方ありませんので、帰ります。
　　【加害者に】
　　あなたはどうされますか。一人で残りますか。
　　私と共に帰りますか、どちらでも自由ですよ。
　　少し外で相談しませんか。

被　加害者は帰らせない。担当者だけ帰れ。

担　それは加害者の自由です。

加　① では私も今日は帰ります。
　　【妨害があれば、後記 **10** 】
　　② 今日は私一人で残ります。
　　（回答は留保してもいいことなどをアドバイスする）

2　保険会社の人は入室させません（調停時）

被害者側の発言	回答例
調停の席には、保険会社の人の立会は認めません（調停委員）。	裁判所の御意向なら仕方ありません。外で待機していますので、決定の前には加害者に対し、必ず保険会社に相談する機会をお与えください。

解説　　裁判所の調停は、裁判官、調停委員、書記官などが紛争当事者の間に入って双方の話を聞き、話合いで事件を解決させる制度であり、日本の風土にはよく合って一般の紛争事件には有効に機能している。調停委員の一部には、保険会社は、交通事故の被害者に対し、賠償額を不当に制限しているとの不信感を持ち、事故を起こした加害者本人が責任を持って被害者に正当な賠償をし、加害者と保険会社との交渉は後の問題という考え方で対処することがある。しかし、これだけ保険が普及し、示談に重要な役割を果たしているのにこれを排除してことを進めるのは、あまりに形式論であり、妥当ではない。

　とは言え、利害関係人のうち誰を同席させるかは裁判所の裁量に任されているので、担当者が同席できない場合の対抗策を次のように考える必要がある。

　調停手続は、当事者が納得して同意しない限り強制力はないので、保険会社の同意しない内容の調停成立には応じないよう強く契約者（加害者）に釘をさし、場合によっては退席してもまったく問題のないことを説明しておくのである。

　その結果、調停委員もやむなく保険会社担当者との話合いに応じるであろう。ただし、この場合、担当者も社内基準を形式的にふりまわすようなことはせず、ことの是非については実質的な議論をして、正当な解決を求める姿勢の下で臨まねばならない。

そうすれば、調停委員、裁判官も問題を理解して、被害者
を説得してくれるはずである。

3 委任状の有無

被害者側の発言	回答例
自分は被害者の委任状を持っている。そちらは加害者の委任状を持っているか。	私は、加害者との保険契約による示談代行として会社の職務としてきています。従って、加害者の委任状は持っていませんが、私がここでお約束するは会社が責任を持って行います。

解説　示談代行は加害者の了解を得て行うものであるが、あくまでその行為は会社の職務としての行為で、加害者の代理人ではない。

どうしても委任状を出せといわれれば、「保険契約上の示談代行として被害者との交渉をおまかせします」との書面をもらえばよい。

なお、被害者側の代理人（弁護士等でないもの）については、交渉時には担当者は敢えて委任状の提示を求めるよりは、別途被害者本人に確認する方がよい。

委任状を求めて出されると相手の立場を強くしてしまうし、いずれにせよ本人の意思確認は欠かせないからである。

但し、示談の成立、示談金の支払いについては、しっかりと本人に直接意思を確認し、本人口座に送金しなければならない。

代理人口座への送金は、よほどのことがない限り行わない。

4 加害者も一緒に連れてこい

被害者側の発言	回答例
保険屋さんだけではだめだ。加害者も一緒に連れてこい。	ご趣旨は加害者にお伝えします。私といたしましては、加害者抜きの方が冷静に正当な補償の話ができると考えてきたわけですが、いずれにせよ、加害者の意向を聞いたうえで、回答させていただきます。

解説　加害者本人は、賠償義務者として示談交渉の本来の当事者であるが、その交渉をどういう形式（例えば、弁護士に委任するなど）で行うかは、基本的には加害者自身が決定すべきことである。

　道義的には被害者の要求があれば、加害者本人も交渉の席に臨むべきであろうが、冷静な話合いのためには双方代理人のみの方がよい場合も多い。

　仮に加害者を連れてくるとしても加害者の日時等の都合もあるはずなので、担当者の判断で即答することは避けるべきである。

　加害者は、可能な限り誠意をもって被害者の都合に合わせるべきではあるが、いつ、どんな折にでも呼出しに応じなければならないものではない。

　加害者は、被害者に対し、誠意をつくす道義的責任はあるが、それを法的な賠償責任と混同してしまうと正当な示談交渉は進めにくくなるのである。

5　加害者本人に言う

被害者側の発言	回答例
保険・共済で出ない分は、加害者に支払ってもらうだけである。 　そんなことを言うのなら、加害者に請求する。	正当な補償で、加害者の支払うべきものは、すべて保険・共済が支払います（保険・共済契約の限度額以内である限り）。要は、何が正当な損害かの問題であり、これを加害者に持ち込まれても同じことです。

解説　　事故による賠償において加害者が法的に正当な賠償として支払わねばならないもので、保険・共済が支払わなくてよいものは、存在しない。保険・共済の持つ査定・支払基準はその内部基準に過ぎず、契約者や被害者を拘束するものではない。

　　したがって、担当者は「正当な補償は必ずする」との観点を説明すべきであり、「保険・共済の基準ではそれは支払えないから加害者に言ってくれ」との趣旨の発言は絶対にしてはならない。

関連問答　「保険はそれでいい、あとは加害者だ」

被　保険屋さんはそれでいいから払ってくれ。
　　　あとは加害者と話をする。

担　保険・共済のみならず加害者などの関係者にも以後一切請求しないことをお約束いただけないと、示談はできず示談金・保険金のお支払はできません。

被　こちらの正当な要求を保険屋さんが認めないのだから、加害者に言うしか方法がないのではないか。

担　そのあなたの要求が、必ずしも正当ではないと申しあげているのです。どうしてもということならば、その解決は裁判所でしてもらうほかありません。

6 一方的過失だから要求どおりにせよ

被害者側の発言	回答例
この事故は追突で、加害者の一方的な過失でこちらは少しも悪くないのだから、すべてこちらの要求どおりにしてくれ。	過失割合については、おっしゃるとおりですから、正当な損害については、その100パーセントをお支払いたします。しかし、何が正当かについては、こちらにも意見がありますので、十分話合いをさせてください。

解説　　加害者側の一方的過失の事故ほど、被害者側から無理な要求が出されることが多い。

しかし、事故による補償は相当因果関係のある損害、つまり事故により通常生ずる損害に限られ、被害者の考えがちな条件関係（29頁以下参照）のある範囲のすべての二次的な損害にまで及ぶものではないことを明確に述べなければならない。

関連問答　「事故によるものは何でも払え」

被　事故がなければこんな金は要らなかったから、払えと言っているのだ。

担　事故による補償は、事故によって通常生ずる範囲に限られ、あなたの言われておられるのは、特別な事情によるものですから、補償の対象にはならないのです。

7 すぐ来てくれ

被害者側の発言	回答例
今すぐに来てくれ。	急なお話ですが、どのようなご用件ですか。 ① はい。段取りをつけて、○時頃まいります。 ② 今日は都合がつきませんので、……にしてください。

解説 事故の補償の話で、一刻を争うようなことはほとんどない。「すぐ来い」というのは、ほとんど被害者のエゴである。こうしたエゴを無条件に許せば、無理な要求も通るものと思わせてしまい、すべての話合いが歪んだものになる。

担当者は示談交渉、話合いをあくまで普通の、対等、平等な当事者間の通常の事務の一つとしてとらえ、礼儀を守って、適宜、迅速に対応すべきことを忘れてはならないが、筋道を通した対応が必要であり、それで足りる。

いずれにせよその電話の時に相手方の要求を聞き出して、一定の回答をしておくことも重要、有用である。面談の時そのメモを示して交渉に入れるからである。

関連問答 「なぜ、すぐ来ないのか」

被 被害者が来てくれといっているのに、なぜすぐ来ないのか。
担 それだけ緊急な理由があるのなら別ですが、こちらにも都合というものがあります。話合いにおいては、お互い対等・平等な関係ですからその辺りはご理解ください。

被 では、こちらからすぐ行く。
担 ① お越しいただけるのでしたらお会いします。○時から1時間程度でよろしいでしょうか。ただし、調査が必要な事

項については即答できない場合もありますので、予め電話でもご要件をお話しいただければ、準備いたします。

② 今日は時間の都合上お越しいただいてもお会いできませんので、後日にしてください。

8　休日あるいは夜間に来てくれ

被害者側の発言	回答例
①　今度の日曜日に来てくれ。 ②　今夜９時に家に来てくれ。	①　休日、夜間は勤務時間外ですので、ご容赦ください。 ②　若干の残業となることは覚悟いたしますが、深夜となることはお断りせざるを得ません。

解説　示談交渉は法律上の補償の話であり、本来人間の対外的活動時間内、つまり労働・勤務の時間内にお互いに時間をやりくりして行うべきものである。また、それでできないことではない。担当者側は業務上のことであり、相手方にとっては突発的なことで個人的な災難であることを考えても、特別な事情のない限り休日、夜間遅くの面談要求は被害者のエゴである。ほとんどの場合は電話でも可能であるし、重大事故での最初の会合や、被害者にどうしてもその日、その時間でなければならないような正当な事情があるなら別であるが、そうでもない限り、担当者としては譲歩するとしても、１～２時間の残業の範囲程度までであろう。

　多大な個人的犠牲を払って休日や夜間に出向いても、それを評価されて感謝されることはむしろ少なく、「被害者の要求は何でも通る」といった交渉に対する誤った優越感を与えてしまうマイナスの方が大きい。

関連問答　「休日・夜間しか時間がとれない」

被

担　これ以上休めばクビになってしまう。

①　それなら当面は電話、fax、お手紙、Ｅメールなどで、まず、やり取りをいたしましょう。場合によっては、代理人をお立てになることを考えてはいかがですか。

②　そういうご事情でしたら一度は夜間にお会いしましょう。ただ、場所だけは私の方で指定させてください。

9 上司に会わせろ

被害者側の発言	回答例
お前では話にならない。決定権のあるヤツを連れてこい。上司に会わせろ。	本件では、本日は私が会社を代表して来ています。 　私が責任を持ってお話をいたします。

解説　会社内でいかに権限の規制があろうと、交渉の場に出る以上、相手との関係では、全責任を持った代表でなければならない。

　ある問題について、内部権限あるいは要調査のため、即答できないときは、その回答について時間的猶予を求めることは、交渉のルールにおいて、当然のことである。相手がこれを認めず即答を迫られれば、「ノー」という回答を「責任を持って」するだけである。

関連問答　「最後まで責任を持つのか」

被　では、お前がこの話には最後まで責任を持つというのだな。

担　私が本件の担当である間はそのとおりです。しかし、私は会社の職務として本件を担当させていただいておりますので、社命で担当が代われば後任者に引き継ぎます。もちろん、そのときには話合いの経過は十分伝えます。

関連問答　「担当者を代えろ」

被　おまえとは話をしたくない。担当者を代えろ。

担　ご意向は上司に伝え回答します。

解説　こうした場合は、経過をよく見据えて交替した方がよい時は、交替してもよいが、何度もとなると断った方がよい。

10 話がすむまで帰らせない

被害者側の発言	回答例
今日は必ず話をつける。即答してもらうから、そのつもりでいてくれ。	最終的な合意に到達できるかどうかはわかりませんが、責任を持って話合いに臨ませていただきます。

解説　話合いは合意に至らなければ成立しない。双方納得して合意ができればよいが、話合いを続けても合意に至る見込みがないときは、話合いを続ける意味も必要もない。担当者はそのようなときには、はっきりその旨を告げて話合いを打ち切り、席を立つべきである。

　あらかじめ話し合いの長時間化が予想される場合は、職場の同僚等と事前に打ち合わせを行い、一定の時間（面談の開始後1〜2時間程度）を目途に、電話を入れてもらい、これをきっかけに帰社する等の対応も有益であろう。

　通常、交通事故に関する話合いとして担当者が臨むべき時間は、1〜2時間が限度であり、それで十分である。それ以上は得るところは何もなく、むしろ有害と考えた方がよい。

関連問答　「即答してくれ」

被　これを払えるか払えないか、今即答してくれ。

担　帰って検討したいのですが、どうしても即答せよということでしたら、無責任な支払いのお約束はできませんので、今日の回答としては、お支払いはできないという回答をします。

関連問答　「『帰ります』と言っても帰さない」

担　もう2時間以上もお話しました。これ以上話し合っても解決は困難と思いますので、今日は、これで失礼します。

被・担　ダメだ、こちらが納得するまで帰らせない。

被　帰るのは私の自由です。帰らせていただきます。

担　**解説**　この後は、荷物を片づけ立ちあがり、帰る行動を開始する。これを相手が物理的に妨害しようとすれば、物をこわさない、人にケガをさせない程度に妨害を排除したり、会社などの外部への電話連絡をとるなどの努力をし、相手の妨害が強く、そのため自由が束縛されたときは「監禁」と判断し、次のように対応する。

担　監禁されたのではどうしようもありませんから、この場は、おっしゃるとおりいたします。

解説　このように言っていいなりの書類を作り、約束をし、解放されたらすぐ会社に連絡をとって警察に通報する。相手方の行為は監禁（刑法220条）、強要（同223条）により処罰されるし、作成された文書は強迫によるものとして、取消しが可能（民法96条）である。この場合、帰るということを口で言うだけでなく、行動として行って、それが物理的に妨害されたことおよび解放されたらすぐ連絡、対応することが必須である。そうした行動をなにもしないで、あとで監禁された、「帰さない」と言われたと言っても通らないことが多い。はじめから意味のない言いがかりや、暴言、脅迫などの場合は、すぐ打ち切ってもよいが、一応の話合いが続いている時には、2時間程度がこうした行動への目処であろう。

11　話がすむまで帰らない

被害者側の発言	回答例
俺の言うことを聞いてくれるまで帰らない。いつまででもここにいる。	もうこれ以上お話することもありませんから、お引き取りください。 どうしても居座られれば警察を呼ばねばなりませんと言って交渉を打ち切り、場合によっては席を立つ。

解説　被害者らが加害者の家や、勤務先、保険・共済の事務所などに押しかけ、長時間居座るときは施設の管理者はいつでも退去を求めることができる。相手方がそれに応じないときは、住居侵入（不退去）罪（刑法130条）になる。そこで、警察を呼んで排除してもらうことが可能となるのであるが、その場合大切なことは、はっきりと話合いの打切りと退去要求をなし、以後は退去を求め続けるのみで一切話合いに応じないことである。

　警察の「民事不介入の原則」とは、示談の話合いに立ち入らないことであって、「話合い継続中」との外形を断ち切ってしまえば、こうした不退去罪の犯罪を検挙、排除することは警察の本来の職務であるから、110番で要請すれば来てくれて相手を帰らせてくれるのである。

　こうしたことが再三発生するような場合は、予め退去要求を書いたプラカードを用意し、いざというときには、それを掲げて写真・ビデオを撮ることが有効である。

　保険会社の場合には、そうした相手方については、内部で協議のうえ、「クレーマー」として認定し、業務命令によって、電話・面談の対応を一切拒否する。

　ただし、必要なときは文書による交渉のみを認めるとか、弁護士のみを窓口とすることもあろうし、来訪されても窓口

で男性職員が数人出て、遠まきに「お帰り下さい。交渉には応じられません」等の口上をそれぞれ述べ、退去しない時はすぐ警察を呼ぶのである。こうした場合、現実には会社がそうした雰囲気を示しただけで、クレーマーはあきらめてしまうのが実情である。

クレーマーは、納得了解至上主義のわが国の精神的風土の下で、無理を言い続ければ必ず何がしかの利益は得られると考えて行動しているので、それが完全にダメとわかれば、引き下がるものである。

関係者が一致して首尾一貫した言動をとることが大切である。

12　いつ返事をくれるのか

被害者側の発言	回答例
いつ返事をくれるのか。	①　○月○日までに必ずお電話を入れます。 ②　○月○日までに文書を送ります。 ③　ご返答は調査完了次第いたしますが、日時は約束できません。

解説　ビジネスの関係は約束で成り立つといっても過言ではない。

示談交渉において最も大切なことの1つは、約束は必ず守ることであるが、そのためには、約束の内容が明確でなければならない。

実務を見ているとこうした連絡時の約束は、「はい、わかりました。連絡します」程度でそれ自体あいまいになされ、実行もあいまいなことが多い。

しかし、これは禁物である。

このことのために担当者が被害者から嘘つき呼ばわりをされ、コンプライアンス違反として激しい非難を受け、監督官庁からも注意を受けるというようなことにもなりかねない。

約束したらその内容を確認して必ず守る、そのため手帳に書く、壁にメモを貼る、同僚にチェック（確認）を依頼するなどで二重、三重の安全策を講ずるくらいの心がけが必要である。

13 連絡がない、ほったらかしだ

被害者側の発言	回答例
何の連絡もない。 いつまで放っておくのか。 ほったらかしだ。	◎　そんなことはございません。 ×月×日○○様とお話をして、○○様の方から………について御連絡いただくこととなっていたはずです。 ◎　申し訳ありません。 　○○様の方から御連絡をいただけるものと理解しておりました。

解説　　示談交渉のなかで、必要な連絡の遅れ、連絡の約束の違反は最悪である。

　担当者はいつも担当事案について、連絡、進行の状況を明確にし、次は誰が何をするのかをしっかり把握し、当方がすべきことがあれば速やかに処理し、決して遅れないよう留意を要する。

　これを怠って相手方を怒らせると、その修復に余計な手間がかかり、事務処理を著しく遅滞させることになりかねない。

　いわゆるボールはいつでも相手に渡しておくのである。

　そのために、パソコンにアラームをいれるとか、机や手帳に付箋を貼るなどの工夫も必要である。

14 話を聞いてくれない

被害者側の発言	回答例
自分の言うことは何も聞いてくれない。	経過は議事録にも記載しております通り、お話は十分伺っています。 　ただ、ご要望に添えないことがあるだけです。

解説　被害者は自分の要望が通らないと、「話を聞いてくれない」という表現をする。

　こうしたかたちで苦情が出ると、第三者は担当者が被害者の話に耳を傾けないと誤解するので、被害者の発言、要望をそのまま議事録として記載し、それに対する対応を明確に文書にしておくことが有効であり、有益である。

　それをしないと、何度も同じことの繰り返しとなり、無意味に長時間の交渉、話合いとなってしまうのである。

15　説明がない

被害者側の発言	回答例
自分は事故ははじめてで、何もわからないのに、何の説明もしてくれないので困っている。 　もっと、丁寧に説明してくれ。	当方は必要なことは十分説明しているつもりです。 　何がおわかりにならないのか、改めて質問して下さい。十分説明いたします。

解説　被害者は自分に有利でないことは、説明を受けても十分に聞かず、説明がないと言ったり、要望が通らない時にも同様の発言となる。

　こうした説明は、口頭でいくら丁寧に説明しても、同じ事の繰り返しになるので、これも質問、要望を丁寧に聞いて正確にメモし、そのすべてにわかりやすい説明、回答を文書でするのがよい。

関連問答　「保険法に違反している」

被　保険法には保険会社の説明義務が規定されているはずだ。納得の行くまで説明してくれ。

担　当方は必要なことは十分に説明しています。ご不明な点を具体的にお示し下さい。

　解説　保険法は、保険契約者又は保険契約を締結しようとする者への保険会社側の情報提供義務を規定しているが、これは、契約者にとって適正・妥当な保険契約が締結されるための業法上の規制であって、交通事故の被害者に対する保険会社側の説明義務を直接的に規定したものではない。しかし、担当者は被害者にも適切な説明をする義務はあり、それを怠ると示談交渉が円滑に進行しない。要は、説明対象や説明内容を一般論から具体的事項に導くことが肝要である。

16 毎日でも来るぞ！

被害者側の発言	回答例
言うとおりにしてくれるまで、毎日でも来るぞ！	本日、お申し出の件は、本日はっきりお答えしました。 何回来られても、同じです。 同じお話でしたら、時間のムダとなりますから、お越しいただいてもお会いできません。

解説 こうした発言は、嫌がらせに過ぎないので、ハッキリと断っておく必要がある。あいまいにすると、相手も期待を持つし、それだけ攻撃も強くなる。ハッキリ断れば相手もムダと理解してよけいな努力は行わないものである。

それでもやってくれば、面談を断り、帰ってもらうことである（ 11 参照）。

なお、こうしたときに大切なことは、担当者が相手を応接室に入れたりしないことである。クレーマーとして面談拒否となれば、担当者個人の問題ではなく組織全体のこととして、全員で対応するという意識を持って、相手が現われたら、その場で職員数人が相手を遠巻きにして、口々に退去を求め続けることが極めて有効な対処方法である。

17　どうすればいいか教えてくれ

被害者側の発言	回答例
自分はこんなことは初めてで何もわからない。どうしたらいいか教えてくれ。	こちらは支払う側なので、本来お教えする立場にありません。あとで誤解が生じても困りますので、適切な相談所で聞いていただきたく思います。ただ、当社の考え方は …… です。

解説　保険会社は被害者に対し、適切で正しい補償を開示、説明すべき立場ではあるのだが、この種の質問にうっかり答えていると、必ず後で「だました」とか「前に聞いたことと違う」とかの批判を浴びる。被害者側は自分に都合のよいことしか頭に残さないのが常だからである。

　加害者と被害者は、対等・平等の対立当事者であらねばならず、一方が他方に「教える」のは、根本的に矛盾しているのである。したがって、説明に当たっては、一般的な基準などを正確な用語で簡潔に述べ、何回聞かれても同じ用語を使うよう心がける。

　そして、あとで議事録としてその内容を簡明に記載して送付するのがベストである。

　この場合大切なことは、過失相殺や相当因果関係の問題など相手に不利益なポイントは特にはっきりと説明することである。言いにくいのであいまいにすると、必ず後日問題となる。相手に薦める相談所としては、各地の日弁連相談センター（資料11）、あるいは市町村役場を薦めるのがよい。

　なお、自賠責の関係では、国土交通省の通達で、保険会社は自賠責の内容などの概要を記載した一定の書類を被害者に交付することなどが義務づけられている。

関連問答　「どんな書類を出せばよいのか」→（ **72** 参照）

18　弁護士を紹介してくれ

被害者側の発言	回答例
自分はわからないので、弁護士を紹介してくれ	被害者の方の立場に立たれる弁護士を保険会社からご紹介することはできません。 当社とは関係なく、弁護士会などで相談されて紹介してもらってください。

解説　保険会社と被害者は利害相反する立場である。

　従って、保険会社は被害者、相手方のために働く弁護士を紹介することはできないし、またそういうルートで受任する弁護士もいない。

　現在各地の弁護士会や法テラスでは手軽にリーズナブルな料金で弁護士を紹介しているので、その窓口を教えて被害者が独自に弁護士を選任してもらうのがよい。

　弁護士費用特約のある被害者も、加害者と同じ保険会社に自動車保険契約を有している場合があるが、その場合も同様であり、会社はこの被害者の弁護士費用を負担せざるを得ないが、弁護士の選任は独自にしてもらわねばらない。

19 あなたにまかせる。いいようにしてくれ

被害者側の発言	回答例
こちらはわからないからあなたにまかせる。いいようにしてくれ。	私は適正な賠償をすることを心がけておりますが、あくまで加害者側、保険会社の人間です。 当方の考える示談案は文書でお届けしますから、あなたの方も別に市役所など信用のおけるところでご相談いただいて、自己責任でのご対応をお願いします。

解説 保険会社の人が、被害者のこのような発言を受けて承諾し、ほんとうに被害者のために動けば会社に対する背任であり、被害者のために動かなければ被害者に対する欺しである。

どちらにしても恐い話である。担当者は加害者側、保険会社側の人であるという立場を忘れてはならない。

20　××さんがこう言っている

被害者側の発言	回答例
××さんに聞いたら、こう言っていた。あなたの言うことは間違っている。	ここにいない人の考え方を前提にされても困ります。その人の真意をただすことも、反論することもできないのですから。 　いずれにせよ、私の考え方は先ほど申し上げているとおりで間違っているとは考えておりません。

解説　　被害者は他で相談するとき、自分にとって都合のいい情報だけを伝え、また相手の言ったことのうちでも自分にとって都合のいいことだけを聞いてくることがある。

　こうした伝言による主張はフェアではないので、強く反撃すべきである。

　また、こうしたときにその第三者が他の保険会社の担当者などのある程度理解力のある人の場合には、被害者の了解をとったうえでその人に直接連絡をとって誤解をなくし、被害者をむしろ説得させることも有益な場合がある。

21　前にこんな約束があった

被害者側の発言	回答例
前に××さんがこう約束している。 　前にあなたがこう（言って）約束している。	早速調べてみます。 （その結果） ①　そのとおりでした。 　約束どおりいたします。 ②　そのような約束はありません。

解説　　担当者は交渉経過は正確に把握し、ことに「約束」したことはいつも明確にして守らねばならない。しかし、被害者は時として勝手に約束があったと思い込むことも多い。相手がこうしたことを指摘したときは、あいまいにしないでよく調べ責任のある回答をキチンとした方がよい。

　　こうしたケジメをつけないで、あいまいなまま「それはですね……」などと推測の発言をしたりすると、ますます混乱を招くのである。

関連問答　「話がくるくる変わる」

被　　××さんが約束したことは間違いない。
　　本人を呼んでくれ。

担　　私の方はそうした約束はないと結論を出しています。本人を呼んでも水掛け論です。それよりむしろ、今後のこととして正当な補償は何かという話を進めるべきだと思います。

被　　あんたの方は言うことがくるくる変わる。でたらめだ。

担　　そんなことはありません。誤解です。心外です。私たちは職務として誠実にやっています。ちゃんと交渉の記録も残しております。そこまで言われるのなら今後は全部録音しておいてくださっても結構です。私の方もそうさせていただきます。

解説　担当者は、こうしたことを断固として言えるだけの裏付けとビジネストークの修練が必要である。

22　当然の要求だ、自分は被害者だ

被害者側の発言	回答例
私は無理なことを言っているか。当然の要求だろう。	お気持ちはわかりますが、客観的に何が正当な補償かという観点からみれば、おっしゃることにはやはり一部に無理があります（必ずしも法律上当然の要求、あるいは妥当な要求とは思われません）。

解説　日本人は、こうした問いにすぐ「ハイ」と答えてしまう。「ハイ」と言ってしまえば、その要求をのまないとおかしいことになる。一部でも同意できなければ、答えは「ノー」である。

示談交渉において「ノー」は、はっきり「ノー」と答えておかねばならない。

関連問答　「要求を認めないのは『差別』だ」

被　こちらの要求を認めないのは、差別だ！

担　差別しているつもりはまったくありません。資料や先例に基づき正当な補償額をお示ししています。

解説　「差別」という言葉を持ち出されると、加害者や保険会社担当者が理由もなくひるんでしまうことがある。

差別には、人種差別、性差別、同和差別といろいろあるが、いずれもあってはならないことは言うまでもない。

しかし、理由もなく「差別」と言われてひるむのも一つの「差別」である。どこがどう差別なのかを問い正し、常識をもって考え、その是非を判断することであり、仮に少しでも差別があれば、謙虚に謝罪して訂正するし、根拠がなければ、それはないとはっきり断ればよい。

23 「誠意」がない

被害者側の発言	回答例
加害者も保険会社もまったく誠意がない。	まず第一に、私ども保険・共済担当者は、職務として、法的な枠内での被害者保護、正当な補償のためのお手伝いをしております。したがって、被害者の方に対しては対等・平等の立場にあり、社会的礼儀をつくすという意味で誠意をもって示談に当たっておりますが、加害者と一緒になって道義的責任、誠意をつくすという立場にはありません。 　次に、加害者の道義的責任という意味での誠意につきましては、客観的な基準がありませんので、私の方からコメントのしようがありません。

解説　被害者からこうした発言のあったときは、むしろ担当者と加害者の立場の違いをわかってもらうチャンスである。

　正当な補償と、道義的責任は別問題であるという柱をしっかり主張すべきであり、これに成功すればそれによって以後の話合いが極めて楽になるのである。

　被害者から「誠意がない」と言われない加害者はまずいないが、道義的責任について、担当者は踏み込まない。

　第三者的発言に徹すべきことが肝要である。

関連問答　「見舞いが足りない」

被　加害者の見舞い、謝罪が足りない。

担　ご意向は伝えます。

24　当てられ損だ

被害者側の発言	回答例
当てられ損だ。そんな金額はコンプライアンス違反だ。	当方は資料に基づいて正当な賠償額をご提案しております。ご不満なら信用のおけるところでご相談ください。

解説　こうした発言は感情的なもので根拠はないが、よく聞く言葉である。

回答は納得を求めて多くを語るのは得策でなく、簡明なポイントのみを述べるようにする。

また何回言われても同じ言葉を使うことが大切である。

ただ、自賠責の支払額をも下回るような提示となるようなものはコンプライアンス違反とされることがあり、その程度によっては示談契約そのものが、公序良俗違反（民法90条）で無効となるおそれもあるので、注意しておく必要がある。

25 誠意をみせてくれ

被害者側の発言	回答例
もっと加害者側としての誠意をみせてくれ。もう少し誠意をみせてくれたら示談をしてもよいのだが。	おっしゃられる誠意の意味が示談金額の上積みということでしたら、補償として当社の提案できる限度はこれだけです（示談による解決を前提として、○○まで譲歩する用意があります）。

解説　いわゆる「誠意」という言葉が、金額の上積みという意味で使われることは、示談交渉の場ではよくあることである。

　　担当者としては、相手方の真意を確かめたうえで、担当者としての職務（賠償問題）に限った回答をなすべきである。

関連問答　「謝罪がなければ判は押せない」

被　示談金はこれでよいが、示談のとき、加害者が謝罪してくれなければ、判は押さない。

担　加害者には、必ず謝罪の態度をとるように勧告をしますが、示談の条件とされることには、同意できません。

　　解説　示談の場のようなところで加害者が謝罪することを条件とすれば、謝罪の態度が悪い、言葉が不十分、誠意がないとして、かえって被害者の感情が高ぶり、こんなことでは判は押す気になれないということになることが多い。

　　加害者としても、一種の精神的拷問のような場となるので、担当者は示談の条件としてこうした状況の設定はしてはならない。謝罪は、何かの条件としてするものではなく、加害者がその人格の表現として自由な立場で行うべきものである。

　　担当者としては、「示談のあと、改めて加害者に謝罪するよう勧告します」と回答するのがよい。

26　一筆、書いてくれ

被害者側の発言	回答例
一筆、書いてくれ。	①　どのような内容ですか。持ち帰って検討して問題なければ、明日お届けします。 ②　そのようなことまでは、お断りします。

解説　示談書のように日頃書きなれた文書ならともかく、それ以外のものはよほど自信のある場合でなければ即座に書くものではない。「帰って検討して書きます」というのが、普通の対応である。自信がなければ断ればよい。逆に何を書けというのかの一筆を相手方に先に書くことを求めるのがよい。

　こうしたことは、すべて対等・平等である。「無理に言われて仕方なしに」などという言い訳をしなければならないような対応は、暴力で監禁（その要件は **10** 参照）されたり、ナイフ・ピストルでもつきつけられない限りしてはならない。

　いずれにしても文書を作ったときは、スマホで撮影する等何らかの写しを必ず持って帰らねばならない。

関連問答　「一筆がある」

被　一筆がある。

担　見せてください。

　解説　被害者はこうした一筆を金科玉条としていろいろ要求しながら、それを見せようとせず、最大効果を期待するのである。しかし、そうした時の対応は単純に「見せて下さい」だけで、見せない時はないものとして対応すればよい。

　出てきても大したものでないことが多いのである。

被害者側の発言	回答例
応じてもらえないのなら、若い者をやる。街宣車を会社に行かせる。どんなことになっても知らないぞ。お前にも妻子があるのだろう。	① どういう意味ですか。 ② もっと詳しく言ってください。 ③ そういう発言があると、まともな話合いになりませんので、帰らせていただきます。

解説　こうした脅し文句が出たら、まともな話合いは必要ない。発言の内容・趣旨を確定してその場でメモをつくり、交渉を打ち切って、告訴・告発・提訴の方向を考えるべきである。第三者を通した冷静な話合いの場を持つために、調停を申し立てるのも有効である。

　「暴力団員による不当な行為の防止等に関する法律」10条は、一般人が暴力団員に依頼することも禁じている。このことを被害者側に指摘してもよい。

　いずれにせよ、この場合には、いつ、誰がどう言ったかを正確に残さねばならない（23頁参照）。そのために、被害者側の発言を録音することも考えられる。また、事前に録音することを伝えることで被害者側がおとなしくなることもあり、有用である。担当者は交渉に当たり、こうしたことで少しでも怖いと思ったら、おびえつつ仕事を続ける必要は毛頭ないし、してはならない。そのことをはっきりさせて交渉は打ち切ってよい。

関連問答　「話を続けよう」

被｜話を続けたいので来てくれ。

担｜この前のように脅かされるのではまともな話合いはできませんので、お断りします。紳士的な代理人の方を立てていただ

ければ、検討します。また当方から調停や裁判などの手続を
とることも考えています。

28 組事務所まで来てくれ

被害者側の発言	回答例
俺は、〇〇組の者だ。この件については俺が話をする。組の事務所まで来てくれ。	組の事務所での話合いはご勘弁ください。 　当社の事務所でお願いできませんでしょうか。 　それでは、当方から裁判所に調停を申し立てますので、そこでの公正な話合いをお願いします。

解説　被害者が交渉にどのような代理人を立てるのも自由であるが、その話合いの方法、場所は対等な立場で話し合って決めてよい。現在では「暴力団員による不当な行為の防止等に関する法律」もあり、暴力団組員が、暴力団の威力を示して交通事故に介入することを禁じ、中止命令や罰則もあるので、あからさまなことを言ってくることはないであろうが、この種の要求は、「怖いので行けません」と断ってよい。こうした場合では、速やかに警察に相談して、会社での面談にも万全を期すべきである。

　27 でも述べたとおり、こうした時には裁判所の調停は有効である。

29 元の体にしてくれ

被害者側の発言	回答例
そんなことを言うのなら、金はいらん。元の体にしてくれ。	無理なことを言わないでください。交通事故の賠償は、法律上も金銭で行われることになっています。

解説　こうした発言は、聞き流すしかないが、あえて回答するとすれば、この程度であろう。

不法行為による損害賠償は当然のことながら、法律上も金銭によることが原則とされている（民法722条、417条）。

関連問答　「払えないのなら代わりに働いてくれ」

被
担
休業補償を払えないと言うのなら、代わりに来て働いてくれ。
45 と同じである。
解説　加害者本人が、被害者方に労働を提供する例は、ときおりみられる。農繁期など特別な場合における一時的なことは別として、一般的なこととしては、いい結果を招かない。やはり、金銭賠償の原則を貫くべきである。

関連問答　「病院への送迎をしてくれ」

被
担
タクシー代が駄目なら加害者に送迎をさせろ。
賠償として法律上タクシー代が無理なので、送迎も無理です。ご容赦下さい。
解説　誠意のある加害者は時として応じることもあるが、これもいい結果は招かない。担当者としては勧めない方がよい。

30　弁護士とは話をしない

被害者側の発言	回答例
なぜ加害者（保険・共済）が弁護士に依頼したのか、自分は無理を言っていないのに。加害者側が弁護士を立てて被害者をいじめるなどというのはおかしい。俺は弁護士とは話をしない。	当方は事故による正当な補償を間違いなくさせていただくため専門の弁護士に依頼しました。決して支払うべきものを支払わずにすませようなどとは考えておりませんので、弁護士と十分に話し合ってください。

解説　　　法的な交渉について、弁護士に委任して一切をまかせることは、加害者、被害者、保険会社を問わず、誰でもその権利はある。そうしたルールの上に立って、専門家の手により「正当な補償」をしようとするものであることを強調する。ただ「何が正当か」について、当事者に見解の相違が発生することはやむを得ない。これを解決するのは、最終的には公正な裁判所である。なお、弁護士を立てたときの窓口の一本化については、 31 を参照。

関連問答　「保険会社の弁護士だろう」

被　加害者が弁護士を立てたといっても、どうせ保険会社の弁護士だろう。そんな弁護士とは話をしない。

担　確かに当社の顧問弁護士ですが、加害者が直接委任しています。また、当社も弁護士の意向に従いますので、かえってスムーズに話が進むものと思います。どうか一度弁護士とお話ください。

関連問答　「弁護士を紹介せよ」

被　こちらにも弁護士を紹介してくれ。

担　 18 の通りである。

31 すぐ弁護士を連れてこい

被害者側の発言	回答例
弁護士に頼んだというのなら今日（明日）弁護士と一緒に出て来い。 すぐ弁護士から連絡させろ。 弁護士に電話したが、出張ばかりなので、連絡をさせろ。 弁護士に電話する電話代は誰が払ってくれるのか。	お申し出のことは、できるだけ早く弁護士に伝えます。 （あるいは、そのうえ私もしくは弁護士から遅くとも○○までには必ず返事いたします。どこに電話させていただけばよろしいですか）

解説　弁護士に依頼した以上、賠償に関する事項は何もかも窓口を弁護士に一本化し、その判断に任せるべきであり、担当者は自らの判断はどんなつまらないことでも一切答えるべきではない。

　「今日、今から出て来い」というような無理難題でも「できません」と答えたら担当者の責任になるが、「ハイ、伝えます」ならば、判断を弁護士に委ねられる。そうしてそれを直ちに正しく弁護士に伝え、対応を任せるのである。

　弁護士はこうした回答には慣れているので委任できれば、速やかに指定の方法で相手方に連絡をとり、キチンと対応するはずである。

　担当者はあくまで正確な伝達者に徹するのが最善である。回答を約束するときには、回答方法、期限をはっきり約束し、これを必ず守る。

　この辺りをあいまいにすると、結局担当者が独自の責任を負って、再び弁護士を抜いた話合いに引き込まれてしまうことになる。

　電話代のことについては **84** を参照。

32 　録音があるぞ

被害者側の発言	回答例
お前の言ったことは録音してあるぞ。	そうですか。私は、前回も同様のことを申し上げていると思います。違うとおっしゃるのなら、録音内容を聞かせてください。

解説　以前の話の内容で水掛け論などになったとき（ 21 参照）、相手方から録音があるとの威嚇がなされることがある。こうした時、ひょっとしたら不用意な発言が残っているかもしれないと不安になるものである。

　こうした事態に不安なく対処するためにも、日頃からビジネストークを身につけ、また交渉の記録をメモ等で整理保存しておくことが必要なのである。

　場合によっては、「それはよかったですね。私はこのことで前にも説明していますので、もう繰り返しませんから、録音を聞いてください」とやり返すことも可能である。

33 録音しているだろう。盗聴だ

被害者側の発言	回答例
録音しているだろう。違法だ。告訴するぞ。	① はい、しております。別に違法とは思いません。 ② いいえ、しておりません。

解説 電話や会話の録音は、相手の了解が無ければ直ちに違法で犯罪になるというようなものではない。ただ電話、会話（面談）の隠し録音はフェアでない面もあるので、使い方には注意を要する。

いずれにせよ、録音は、そのデータのどの辺りに、いつのどんな会話があるというメモを残しておかないと、日が経つと検索が困難でほとんど使いものにならないので、その管理が大切である。

また逆に、こちらが録音していることがわかれば、相手の発言も慎重になることが常であるから、脅迫的言動が著しいときには、「ちょっと待ってください。おっしゃられる要求をきちんと検討するために、今から録音をしますので、もう一度おっしゃってください」と言えば、相手の言動がおとなしくなることが多い。

34 個人情報だから出せない

被害者側の発言	回答例
診断書、休業証明書などは個人情報だから出せない。	そのように言われるのであれば仕方ありません。 　ただその場合には、お怪我や、ご収入の内容等がわかりませんので、賠償額のお支払はほとんどできないことになります。

解説　　個人情報保護の時代の要請が一人歩きして、このようなことを言う人も少なくない。

　しかし、賠償交渉で損害の立証は、それを請求する人、つまり被害者がすべきことであって、賠償請求にはこうした資料は必須のものである。

　被害者としては、それを出したくなければ、賠償をあきらめざるを得ないのである。

　ただし、提出された資料は、個人情報としてみだりに流出しないよう十分な注意が必要である。

関連問答　「個人情報の漏洩だ」

被　それらを社内でコピーして使っているのは、個人情報の漏洩だ。

担　損害の認定・査定のために社内の担当部署で使用させていただいているのであり、ご提出いただいた趣旨に反するところなく、問題ないと考えています。

関連問答　「資料を出したら払うか」

被　資料を出したら払うか。

担　→ **74** 参照

2 保険法対応

平成22年４月１日から新しい保険法が施行され、契約者保護、保険金支払手続の適正化が図られた。

この法律は、保険（共済）の契約者、被保険者との関係を中心とするもので、交通事故の被害者と保険会社の関係に関するものではないが、その趣旨を受けた対応は必要である。

35　保険法で被害者保護が強化されたはずだ

被害者側の発言	回答例
保険法により被害者保護が強化されたはずだ。 　今までの対応には納得いかない。	当方としましては、誠意をもって対応してきたつもりです。具体的なご指摘とご要求をいただければ、正当な損害賠償についてはきちんと対応させていただきます。

解説　賠償責任保険の対被害者関係で、保険法により新設されたのは、被害者の先取特権制度（ 39 参照）のみであるが、この点について議論をしても始まらない。示談交渉に関する一般論に従い、「正当な損害賠償」の問題に還元することが肝要である。

　ただ、より正当な対応が求められ、その経過が記録されていることは必要である。

36　被害者保護の精神を知らないのか（一般論）

被害者側の発言	回答例
被害者保護の精神をどう考えているのか。 　自賠法の精神を知っているか。 　監督官に通報するぞ。	私は本件の補償について、何が正当かを真剣に考えているのであって、お話はご意見としては伺いますが、そうした一般論をここで論じるつもりはありません。

解説　　一時期、ある示談屋グループがよく使った手である。

　　担当者は示談交渉の場において、このような一般論を闘わせる必要はない。そのような論争が無意味であることは、交渉の当初に明確にすべきである。

　　なおも同様の一般論に終始するときには、今回の交渉の継続には意味がないこと、次回までに具体的な主張か資料が出ないときにも同様であることを述べて、席を立つべきである。

関連問答　「やられ損だ！」

被　俺は被害者だぞ。いつも損するのは被害者だ（それでは、ひかれ損だ。やった方が勝ちか）。

担　当社はあなたの被害について、正当な補償を考えているのです。一度、詳しい人に尋ねてみてください。

　解説　こうした感情論には、「正当な補償」「何が正当か」で対抗する。また、第三者の意見を求めさせるのもよい。（→資料11公益財団法人日弁連交通事故相談センター全国相談所）

被害者側の発言	回答例
納得がいかないので、監督官庁に言って指導してもらう。	当方はあくまで正当な対応をいたしておりますし、今後もそのつもりですから、できましたら、ご容赦いただきたいと思いますが、どうしてもということでしたら、それはやむを得ないことです。

解説　　監督官庁に苦情が入れば、必ず説明が求められるが、これを言われて対応をかえるのは最悪である。

　そのために正当に対応してきたことを簡潔にまとめて、いつでも報告できるよう準備し、苦情申立の可能性が高い時には監督官庁に予め報告しておくこともよい。

関連問答　　マスコミに言うぞ

上記と同様である。

関連問答　　監督官庁はどこか

被　監督官庁はどこか

担　・・・・です。

関連問答　　苦情処理窓口はどこか

被　苦情処理窓口はどこか

担　本社の窓口（TEL　・・・・・・）、共済相談所（TEL　・・・・・・）
などがあります。

　解説　こういう質問には具体的に答える必要がある。

38 遅延利息（遅延損害金）を払え

被害者側の発言	回答例
賠償金の支払が遅い。遅延利息をつけて支払え。	◎（診療報酬明細書の取り寄せなどの）必要な調査を行っていました。合理的な期間を経過しているとは考えませんので、示談では遅延利息はご容赦ください。 ◎すみません。当方の事務処理の手違いで送金が遅れてしまいました。その分・・・・円の遅延利息をつけてお支払いいたします。

解説 　保険法が今回定めた支払遅延による遅延利息は、直接的には保険契約者や被保険者に対する保険金の支払に関する問題であるが、もともと損害賠償は、事故時から遅延利息（事故の場合、契約がないため正確には遅延損害金）がつくのが確定した裁判例であるうえに、示談成立後の示談金についても、実務的には保険法の定めが準用されると解されている。しかしながら、遅延利息の支払を要するのは、調査に必要な合理的な期間を超えて支払が遅延した場合に限られている。合理的な期間がどの程度になるかは、ケースバイケースとしか言えないが、日頃から事案管理を徹底することによりこのようなクレームが来ないように事務処理を迅速に行うことが大切である。

　しかし、遅延利息（遅延損害金）は、特別な場合を除いては支払うといっても少額（民法の改正により令和2年4月1日以降の事故については年3％）であり、法的には根拠のないことでもないので、あっさりと「では支払います。○○○○円ですね。」と言ってしまうほうが話を進めやすいこともある。

39 被害者には先取特権がある

被害者側の発言	回答例
被害者には先取特権があるはずだ。 示談成立していなくても正当な賠償金はすぐに支払え。	保険法の先取特権は、被害者の方が当社に対して直接請求権を有される場合のことです。当件ではまだ示談もなくあなたには当社に対する直接請求権が発生していませんので、応じられません。

解説　保険法22条は、被害者は保険金請求について先取特権を有することを定めている。

しかし、これは、被害者が保険会社に直接請求権を有した場合に、加害者が支払いもしていない賠償金を保険会社から受け取ることを認めないとするものであり、被害者に示談前にその権利を認めるものではない。

3　内払いの意義と方法

　交通事故による受傷が相当期間継続するときには、被害者側においてたちまち雑費、交通費等の支出が生じ、収入が途絶えるなどの事態が生じることがある。そこで、最終的な損害賠償額を確定し示談金を支払う以前に、賠償金の「内払い」という制度が必要となり実際に活用されている。

　本項のポイントは、こうした内払いはすべて加害者が被害者に対して支払うべき「賠償金」の一部の「内払い」であるということである。したがって、内払いにあたっては被害者の過失の有無・程度や支払の必要性・相当性(入院や休業を要する状態か否か等)は常に念頭においておかねばならない。

　次に考慮すべきことは、内払いがこのような性質のものである以上、支払の方法としては、損害の各費目とは関係のない単なる「内払い」として被害者の銀行口座に送金する方法が最善であるということである。実務的には、被害者が必要とした経費の領収証と引換えに、加害者が現金を被害者に支払うことがあるが、こうした処理は後日になるとその趣旨や経過があいまいになることがある。加害者が現金を被害者に渡す以上、その趣旨を書いてその日付の領収書を被害者からもらうことが、現金の動きに合致する正しい方法である。

　また、損害の費目を特定して支払う形をとると、示談時に、被害者の納得を得ることが困難になる場合がある。例えば、休損について資料が十分にそろわない交渉の初期の段階で、被害者の生活のことを考えてとりあえず支払した内払いにより、休損の単価が事実上決まってしまうという好ましくない事態に陥ることがあったり、さらに、被害者にも過失がある事案の場合、「休損」や「付添費用」として支払った金員の一部つまり被害者過失分が慰謝料など他の費用に充当できるかというような問題が発生したりするのである。

　その意味でも、内払いは常に費目を特定しない単なる「内払い」として対処するのが妥当である。

40　内払いとは

被害者側の発言	回答例
「内払い」というのは、どういうことか。	事故による補償としては、休業補償、雑費、慰謝料など、いろいろあり、示談のときにその総額を決めるのですが、それまでの間、被害者の方が必要とされる費用を、特にその名目を決めずに、とりあえず、いくらかずつお支払するものです。後日、示談のとき、精算することになります。

解説　被害者から要求のあるたびに、その費目ごとにその相当性、過失割合などを議論していたのでは、迅速で円満な対応は望めない。

　被害者の要求に問題点のあるときは、それを一応指摘しておくことは重要であるが、その本格的な議論は示談のときに詰めるとして、過払いにならない程度に、「内払い」により対処するのが妥当である。

　また、事故当初の資料の乏しい時期に、休損単価や過失割合などが事実上決まってしまわないように、「内払い」であることを明確にする必要がある（ 47 参照）。

関連問答　「わけのわからない金は受け取れない」

被　自分は給料を払ってくれと言っているのであって、わけのわからない金を受け取るわけにはいかない。

担　内払金は決してわけのわからないお金ではなく、これを受け取られたからといって、あなたが不利になるようなことは何もありません。後日示談のときに精算しますので、当面必要なことにお使いください。

41　雑費を持ってこい

被害者側の発言	回答例
事故でケガをして、通院や雑費で、いろいろ金がいる。いくらかまとめて持ってきてくれ。	①　わかりました。いくらぐらい用意しましょうか。 ②　はい。とりあえず○○円程度お届いたします。 ③　現在まで、すでに○○円お支払しており、現段階では、これ以上の内払いはできません。

解説　　負傷の内容、過失の程度にもよるが、事故にあえば被害者にはいろいろ出費もかさみ、かつ収入の途も閉ざされることが多いので、これに対して内払いの必要が生じることは否定できない。その際、逐一費目を特定して支払うべきでないことは前項のとおりである。

　　また、振込送金するときは、必ず本人名義の口座とし（他人名義のときは本人よりの委任状、あるいは振込先指定書が必要）、現金で払うときは、被害者の領収書をもらわねばならない（**42** 参照）。

関連問答　「貸しテレビの代金を払え」

被　入院中は退屈だから、貸しテレビを借りたい。その代金を払ってくれ。

担　入院中の諸雑費については、1日当たりいくらの計算でお支払するのが通例となっています。内払いとして金○○円をお届しますので、それで対応してください。

42 | 雑費等の受取（領収証）を渡すから支払え

被害者側の発言	回答例
入院中の雑費、買い物などで金がいった。受取を渡すから、金を持ってきてくれ。	全部でいくらですか。 わかりました、とりあえず内払いとして、○○円お支払します。後日、示談のとき、まとめて精算させていただきますので、受取類の原本は、そちらで保管しておいてください。

解説　被害者はこうした雑費、交通費等の領収書、メモを見せてその金額の支払を求めることが多い。これに対して加害者としては、あまり非常識な額でない以上、支払に応ずべきであるが、その費目の一つ一つの妥当性を検討し、論議することは到底できない。

　そこで、こうした場合、加害者としては、ほぼその要求に見合う額を内払いとして支払し、その金額の被害者の領収書を受け取っておくことが適切である。

　この場合、被害者の示した領収書類は、参考資料に過ぎず、示談精算時には被害者側において必要となるものであるから、その原本類は受け取らない方がよい。

　実務上、被害者からそうした雑費類の領収書原本を受け取ってそれに見合う現金を被害者に渡し、被害者の領収証はもらっていないことがあるが、この取扱いは金銭の実際の流れおよびその趣旨が後日不明確となり、混乱を招くもとになる。

43　入院中の必要なものを買ってきてくれ

被害者側の発言	回答例
入院中に、寝間着、ティッシュペーパー、タオル……がいるから、買ってきてくれ。	当方は、必要な金銭を内払いとして、お支払いたします。担当者はそうしたことは、いたしかねますので、ご容赦下さい。

解説　加害者本人の場合は、こうした要求を断ることが難しい場合もあろうが、保険・共済担当者等は立場が違う。金銭賠償の原則を明確にしたうえで、内払いにより対応すべきである。

関連問答　「動けないから頼んでいるのだ」

被　自分は動けないから頼んでいるのだ。冷たいことを言うな。

担　わかりました。今回に限り、……を買ってまいります。代金は内払として処理させていただきます。

解説　但し、病院において提供できず、かつその時どうしても必要なものなら、今回限りとして少しのものなら病院の売店などで買って領収書をつけて渡し、次のような受取証にサインをもらい内払金として処理する。

```
金　　　　　　円也
　入院中どうしても必要だったので、・・・・を
買ってもらい、受け取りました。内払い金とし
て扱って下さい。
　担当者・・・・・殿
　　　　　　　　　●●年●●月●●日

　　　　　　　　・・・・・・・・　　㊞
　　　　　　　　　　　　　　（サイン）
```

このような取扱いは1回限りとする。

この取扱いは、会社はもとより、加害者にも報告し、後日また要求があった時は同様にするよう、アドバイスをする。

　いずれにせよ、被害者の所持金を預かって処理することはしない。

関連問答 「外出の送迎をせよ」

被　入院中でも所用で外出しなければいけないときがある。送迎の手配をしてくれ。

担　そのような手配まではいたしかねます。他の病院で検査を受ける場合など必要なときのタクシー代は負担します。

また予め、ある程度のお金を内払いとしてお支払します。

44　治るまで生活費の補償をせよ

被害者側の発言	回答例
完全に治るまで、生活費の補償をしてくれ。 　通院しているのだから、休業補償を払うのは当然だ。	休業補償は受傷のため、まったく働けない状態が続くときに（過失割合に応じて）、お支払いたします。 　ただ、回復されてきて、通院しながらも、ある程度は働けると判断されますときは、全面的な支払はできなくなります。

解説　　休業補償は、労働能力の喪失割合に応じて認められる。少しでも悪いところが残っていたら、働かない、給料を全部払えというのは、正当ではない。

　こうしたことも、当初から正確に伝えておいた方がよい。そのことをあいまいにしたまま漫然と支払い続けていると、後日必ず紛争が生じる（6　治療費支払の打切り　137頁以下参照）。

関連問答　「生活保護の手続をしてくれ」

被　生活保護を受けろというのか。それなら役所の手続はそちらでしろ。

担　福祉の手続は、あなたがなさるべきことですから役所と連絡をとってご自身で手続をお取りください。手続上必要なことができましたら、協力しますので、ご連絡ください。

45 | 休業補償を払え、生活できない

被害者側の発言	回答例
休業補償を払わないというのは、人権問題だ。飢え死にしろと言うのか。	交通事故による損害補償としては、支払義務がないと申しあげているのです。おっしゃっておられることとは、性質が違います。そうしたことは、市役所や弁護士会で、ご相談ください。 　当方の主張が間違っていると思われるのでしたら、仮処分などの正当な方法で、あなたの主張を通すことができるはずです。

　解説　　休業補償が払えない理由は、収入の立証のない場合、被害者過失の大きい場合、症状固定とみられる場合など、いろいろなケースがある。休業補償が入らないと、被害者が生活に困るであろうことは事実だが、損害賠償は福祉事業ではないので、慰謝料が計算できる時は、その分を内払することは検討すべきであるが、法的に支払義務のないものははっきり断るという割り切りも必要である。

　関連問答　「払ってもらわないと、飯が食えない」

被　お金を払ってもらえないと、飯が食えない。

担　当方は、損害賠償として正当なものは、お支払します。現時点でこれ以上の内払いができない理由は、次のとおりです。
①収入の立証が不十分　②休業の必要性がない　③被害者過失が大　④すでに、症状固定している　⑤すでに、多くの内払金が出ている――など
そのことは市役所等の福祉関係などと御相談ください。

　関連問答　「払ってもらわないと、借金が返せない」

被　お金を払ってもらえないと、借金が返せない。

担　同上

46　金を払わないなら入院するぞ

被害者側の発言	回答例
どうしても金を払わないというのなら、入院するぞ。それでもいいのか。	入院の必要性があるか否かは、あなたの客観的な症状によることであり、当方がお金を払うか否かとは関係がありません。 　あえて入院されても、賠償問題としては、その入院の必要性が問題となります。

解説　　こういう経過での入院は、まず賠償目的のものとみられ、休業補償、慰謝料はもとより、入院費の負担も拒否できよう。

　このことは、被害者のみならず、病院にもはっきり伝えておいた方がよいし、その間の経過を正確に記録しておくことが肝要である。

　なお、病院への通知文書の文例については、資料10文例①、②のとおり。

関連問答　「要求を認めないと、人身事故にするぞ」

被　新車要求を認めないのなら、人身事故にして通院するぞ。

担　新車要求については、以前にも申し上げました理由でお断りいたします（通知文例は資料10文例⑤を参照）。人身事故につきましては、正当な届出がなされた段階で、十分調査して正当な補償をさせていただきます。

47 休損単価を協定しよう

被害者側の発言	回答例
休損単価を協定しよう。	今、休損単価だけを決めるのは、労多くして、お互いにメリットがありません。過失割合、労働能力喪失率など、そのほかの条件があるからです。 当面は、妥当な範囲で内払いしますので、最終決定は示談のときにしましょう。

解説 損害賠償の内容の部分的な協定は、労多くして得るところが少ない。後日、協定した金額より収入が少ないという資料が明らかになったとしても、示談のときに修正するのは困難であろうし、逆に、被害者が協定金額より高額な資料を裁判所に提出した場合には、裁判所は協定額には拘束されないからである。また、被害者側からの休損の単価協定の申入れがなされるときは、一般的にいって、収入を立証する十分な資料がない場合が多いことにも留意しなければならない。とにかく休損単価の協定は避けるべきで、適当な金額の「内払い」で対応すべきである。

関連問答 「平賃の協定をしよう」

被 休損は平賃でいいから、それでずっと支払ってくれ。

担 平均賃金程度の収入があるかどうかは、提出していただいた資料により後日検討することになります。とりあえずは、内払いとしては〇万円お支払いします（平均賃金の適用についても一定の条件がある。 **76** 参照）。

4　治療費について

　被害者は治療費については、当然に加害者側が負担するべきものと考えがちであり、また病院も同様である。

　しかし、加害者が治療費を負担すべきであるといっても、それは治療費が通常は事故による損害賠償の一部に含まれるから、加害者は被害者に対しその金額の支払義務を負うに過ぎず、加害者が当然に病院に対してもその支払義務を負うものではない。

　したがって、過失相殺のある事案はもとより、被害者の賠償目的や心因性の要因のある治療費や、濃厚過剰診療による治療費などは必ずしも全面的に加害者が負担すべきものとは限らない。

　治療費の負担についても、こうした大原則を常に念頭においた発言が必要である。

　そこで、本項のポイントは二つある。第一は、治療の内容の選択については被害者の自由意志に委ねられるべきものであり、加害者側としてはその費用について、必要性、相当性の判断を加えたうえで損害賠償責任の範囲内で支払うということであり、第二は、被害者（患者）は病院に対して診療報酬の支払義務を負い、加害者は被害者に対して損害賠償としての治療費の支払義務を負うという法律関係をきちんと理解する必要がある。

　病院と直接の契約関係がある被害者は、治療費を支払う義務があるため、被害者が「治療費を立替える」との表現は誤りであり、他方、加害者と病院とは直接の法律関係には立たない。実務で行われている「一括払いの制度」は、保険会社が加害者との契約関係に基づいて、関係者の合意の下に加害者－被害者－病院のそれぞれの法律関係を省略して治療費を便宜上直接病院に送金する制度に過ぎないのである。

48　治療費を支払え

被害者側の発言	回答例
治療費の支払は必ずしてくれるか。	事故による正当な治療費は、（過失割合の範囲内で）支払います。

解説　念頭におくべきことは、

①　過剰、濃厚、不当高額なものは支払を拒否することがあること

②　過失相殺はないか

の二点である。

不用意に無条件の支払約束をしてはならない。

ことに、他覚的所見に乏しい「頸椎捻挫」「腰部捻挫」系の神経症状については、入院治療や整骨院の施術料の必要性が否定されたり、治療効果の疑わしい遷延治療となることが多く、相当因果関係が否定される場合があるので、発言に注意を要する。

関連問答　「治療費の保証をせよ」

被　病院が治療の支払について、加害者と保険・共済の保証を求めているから、この用紙に判をくれ。

担　用紙を見せてください。加害者として、法律上責任のある範囲で協力させていただきます。

解説　用紙を点検したうえ、次の文言を付加して押印すれば、無難である。

「ただし、事故によって加害者が法律上損害賠償義務を負う範囲に限ります」

この文言により、上記の①、②の問題点をクリアするのである。

なお、単なる一括払いの合意に過ぎない場合は、病院から

保険・共済に対する直接の請求権はないが（大阪高裁平成元年５月12日判決）、保証や債務引受けがなされた場合には、病院との間で直接の契約関係が生じることに注意をしておく必要がある）。

関連問答　「個室代を払え」

被　個室に入るから、室料の差額を払ってくれ。

担　①　必要性について医師の証明があれば支払います。

②　やむを得ない間は、（過失割合に応じて）負担します。

解説　個室料が正当な場合として認められるのは、

①　病状に鑑み、医師が個室を必要と認める場合

②　一般室が満室で、やむを得ない場合

に、そうした事情が続く間に限られる。これについても、無条件に支払約束をしてはならない。

関連問答　「レーザー治療費を払え」

被　ヘルニアの治療にレーザー治療がいいと聞いた。70万円かかるが払ってくれ。

担　交通事故の損害賠償は、一般的・通常的なものに限られています。レーザー治療は、健保でも認められていない実験的・先進的なもので、しかも費用も高額ですから、お支払いいたしかねます。

49 治療費をなぜ払わないのか

被害者側の発言	回答例
資格のある医師、柔道整復師、鍼灸、マッサージ師が必要とした治療、施術をしたのに、なぜ払わないのか。	治療費は、正当なもの、つまり必要かつ妥当なものを加害者の過失の範囲でお支払します。 ① 当件は、その内容を検討いたしましたところ、必要かつ妥当な範囲を超えていますので、お支払できません。 ② 当件は、被害者にも過失がありますので、その分はお支払できません。

解説　事故の治療費は、事故と相当因果関係のある範囲で加害者の過失割合に応じて加害者に賠償義務がある。従って、被害者に過失のある時は、その部分は支払義務はないし、必要かつ妥当な範囲を超えて過剰濃厚治療の部分がある時はその部分も支払義務はない。

　ただ、柔道整復師などもそれぞれ相当因果関係のある範囲で医師の指示がなくても、施術ができるので、治療費（施術費）の支払について医師の指示を条件とすることはできない。あくまで個々に必要かつ妥当な範囲か否かを判断して対応すべきである。

50　治療費の請求書を送る

被害者側（病院）の発言	回答例
治療費はお宅で払ってくれるか。 　請求書はお宅に送っていいか。 　治療費は一括払いか。	①　診断書、明細書を当方にお届いただければ、内容を検討のうえ、正当な治療費は、 イ、（問題のない場合） 　当面（追って通知するまで）はお支払します。 ロ、（問題のある場合） 　過失割合の範囲内で慰謝料を含めた総損害の内金として一括払い手続により、負担します。 なお、現在、指摘すべきことは、次のとおりです。 ●被害者過失は、最低○％以上とみています。 ●入院の必要性については検討を要するとみています。 （ことにむち打ち事案については、） ●長期の治療が行われたときは、問題となるケースが多いことを付言します。 ②　本件は被害者の過失が大きいので、約束しかねます。とりあえず健保等をご使用ください。

解説　無条件支払約束をとられるような発言をしない。その時は問題がなくても、支払約束は「正当なもの」について、「当面の範囲」にとどめる。

問題点、ことに被害者過失については、遠慮せず、始めに
はっきり指摘しておくことが大切である。

　被害者に過失のある事案では、とにかく健保等の利用を促
すべきである。また、むち打ちの遷延治療は問題が多い（**68**
最高裁昭和63年４月21日判決）ので、注意を要する。問題が
出てきた時には文書で通知をしておいた方が後日の紛争をな
くす意味で好ましい。その文例は資料10文例①、②のとおり。

　その場合の自己負担分については、病院は保険会社の一括
払いを認めないこともあるので、応分の内払いをしておくと
よい。

51 病院を変わりたい、探してくれ

被害者側の発言	回答例
病院を変わっていいか。 代わりの病院を探してくれ。	どこの病院で治療を受けられるかは、被害者の権利であり、加害者側がとやかく言ったり、決めたりするものではありません。 　私どもは病院の選択については、責任を持てませんので、そちらの方で医師とも相談なさって決めてください。 　いずれにせよ、正当な治療費は（過失割合の範囲で）支払います。

解説　情報の提供として、適切な病院を教えるのは親切であるが、そこでの治療が遅延したりすると、厄介な問題となることがある。治療には、できるだけ口出ししないのが無難である。

　公立病院等で精密検査を受けてもらうことが妥当な場合には、「その検査の費用は責任をもって払う」旨回答するだけでよい。

　なお、むち打ち症の被害者が「病院を変わりたい」旨の発言をする場合には、医師から就労や治療の打切りを指導されているケースが多いので、医療照会をするなどして、むしろ打切り交渉のきっかけとすべき場合がある。

52 マッサージ、鍼治療に行く

被害者側の発言	回答例
マッサージ、鍼治療に行っていいか。	事故による治療として妥当なものは、（過失の範囲内で）支払います（十分な必要性が認められないものは、お支払できませんし、金額的にも不当に高いものは、払えない場合があります）。

解説 問題は必要性と額である。必要性は、通常は医師の判断となるが、医師の了解のないことのみを理由として支払を断ることはできない。金額については、近時、かなり高額なものがあるので、注意を要する。行っていいか、悪いかの観点からは答えない。要は、その費用の負担の問題である。

関連問答 「整体、酵素風呂、カイロに行く」

被 整体、酵素風呂、カイロに行っていいか。

担 行かれることについては、とやかく言えませんが、その費用を当方で負担することは、難しいと思います。
（しかし、１回○○円で○回分くらいは支払います）
解説 こうした治療費は、今のところ医学的には十分な根拠が認められておらず、原則として正当な損害とは言えない。
ただ、心因的な要因の強い被害者については、範囲を限って認めることにより、解決を早めることもある。いずれにせよ、無制限、無条件に支払約束をしてはならない。

関連問答 「温泉治療に行く」

被 友人から温泉治療がよく効くと勧められているので、行きたい。

担 もちろん、行かれるのはご自由です。ただ、その費用につきましては、必要性と有効性に関する医師の証明書がない以上、当方では負担しかねます。

5 労災保険・健康保険使用について

　今日、交通事故の損害賠償額のなかに占める治療費の割合の増大は、社会問題にまでなっているが、その理由の一つとして、ほとんど同じ治療の内容でありながら、交通事故の治療に通常適用される「自由診療」費は「労災・健保」のそれに比して著しく高額となっているということ及び整骨院（柔道整復師）での自費による治療（施術）で必要性に疑問のあるケースが近時著しく増大していることがある。

　本項のポイントは、交通事故の負傷に対する治療といえども、労災・健保でなし得ないものはほとんどないという点、被害者が望んでいるにも関わらず、労災・健保への切替えを病院やその他の者が拒むことは許されないという点、並びに整骨院での治療の必要性、妥当性（特にその期間、回数、施術部位）の検証の三点である。

　本書前項においては、加害者側は被害者の治療の内容についてできるだけ口出しをすべきでないと述べたが、同じ治療内容について支払金額がどうなるかは、加害者被害者双方にとって重大な関心事であるのだから、労災・健保の適用については担当者としても積極的に切替えの交渉をなすべきである。

被害者側の発言	回答例
事故なのに、なぜ自分の健康保険・労災保険を使わねばならないのか。	（有過失事案） 　あなたにも過失があるため、治療費のうち、あなたの過失割合分はあなたの負担となります。健康保険・労災保険を使わず、自由診療での治療を受けられますと、この部分の費用が大きくなり、あなたに不利となるからです。 （無過失事案） 　正当な損害は、加害者が負担しますが、被害者側も信義則上、その損害を最小限にとどめるよう、協力する義務があります。 　そうした観点から、健保適用をお願いする次第です。 　また事案によっては、治療費の相当性について問題が発生することもあり、健保を使っていただいた方が問題が複雑にならずにすみます。

解説　過失事案の説明は大変重要であるが、被害者は容易に理解しない。あとになってその不利益が現実化したとき、説明がなかった、不十分だったと言われることも多いから、このことは十分説明したうえ、できれば文書を渡しておくことが望ましい。その文例は資料10文例③のとおり。

　また、無過失事案の場合で健保等を使用したとしても、法理論上は被害者に不利益はない。ただ、被害者としては、病院や健康保険組合に気がねして、踏み切れない場合もあるの

で、そのようなときには、加害者側であらかじめ、病院、組合の了解を得るよう、努力する必要があろう。

　また、むち打ち事案については、治療の方法、内容、期間について問題が発生することが多いので、被害者無過失の追突事案等でも健保適用を求めておく方がよい。

被害者側の発言	回答例
事故には健保（労災）は使えないと聞いている。	そういうことはありません。 健保（労災）を使うか、使わないかは、すべてあなたの意思次第です。

解説　健保適用の実質的要件は、被害者本人の意思のみである（健康保険法63条3項）。健康保険指定の医療機関（ほとんど全ての医療機関はその指定を受けている）は、これを拒否することはできない。また業務（通勤）中の事故の場合の労災適用も同様であり、会社や病院において拒否することはできない。

　このことは、はっきりと強力に指摘すべきである。なお、労災事故で労災保険が使えるときは、健康保険は使えない。

　ただし、形式的な要件としては、健保は健康保険証の提出、労災も所定の書類の提出が必要である。なお、第三者行為傷病届の提出などは、事後的な手続であり、健保適用の要件ではない。

　それでも健保等の使用に同意が得られないときは、それは被害者本人の意思決定によることを、はっきりさせておく（資料10文例③）。この点をあいまいにすると、後日、問題が生じる。

関連問答　「健康保険・労災保険では十分な治療が受けられない」

被　健保（労災）を使えば、十分な治療がしてもらえない。

担　交通事故の治療で、そういうことは通常ありません。

解説　一部、悪質な病院が被害者にこういうことを言うこともあるが、通常の負傷で、健保（労災）が使えない治療方法、薬などは、まったくといっていいほどない。

55　病院が健康保険・労災保険はダメだと言っている

被害者側の発言	回答例
病院（健保組合、労働基準監督署）が、健保（労災）を使わせないと言っている。	こちらで確認しますから、病院（健保組合、労働基準監督署）の誰がそう言っているのか、教えてください。

解説　病院、健保組合、労働基準監督署が、被害者の意思に反して、健保（労災）適用を拒否することは、違法である。

そこで、責任の所在を明らかにするように運ぶと、自然に問題が解決することが多い。つまり、きついようであるが、拒否発言をした人の氏名・役職等を確認したうえで、「あなたが今日、拒否なさるのですね」と聞くと、ほとんどのケースでは「ちょっと待ってください」となって解決に向かうのである。

保険証を提出しても病院が健保・労災適用を拒否して、自由診療の請求をしても、法的には自由診療契約は成立しておらず、患者も保険会社もその支払義務はない。

関連問答　「病院にはさからえない」

被　しかし、患者としては、病院の意向に反するようなことはできない。

担　あなたがそうした判断で健保（労災）をお使いにならないのなら、やむを得ません。ただ、当方が健保（労災）適用をお勧めしたことはご記憶ください。

　解説　このようなケースでは、「言った、言わない」の争いを残さないためにも、文書通知を心がけることが大切である。（資料10文例③）

56 　被害者に過失がないから、労災保険は使えない

被害者側の発言	回答例
この事故は被害者に過失がない。労災を使うと掛け金が上がるので使わせないと会社から言われている。	それは会社が間違っています。私の方から会社に頼んでみます。

解説　　　労災適用の要件は、被害者が事業主から業務上の負傷である旨の証明書をもらって、労基署に申請することである。

　　事故が業務中のものであれば、事業主はその証明手続を断ることはできない。仮に拒否しても、労働者は単独で労災申請をすることが可能である。

　　また、病院や労基署も被害者無過失の時には、その適用を拒否しようとすることもあるが、いずれも違法である。

　　但し、被害者が労災を使うか否かは、健康保険適用と同様自由であり、担当者としては、労災適用の有利なことを説明して同意してもらう外はない。

57 健康保険・労災保険を使えば診断書・レセプトを出さないと言っている

被害者側の発言	回答例
健保（労災）を使えば病院が診断書・レセプトを出さないと言っている。	そういうことは、病院として、違法です。私の方で病院に話をして、是正してもらいます。

解説 　医師は法律上、診療義務、診断書作成義務を負っており（医師法19条）、健保（労災）を使ったからといって、これを拒否することは違法である。どうしても拒否されれば、医師会や都道府県・厚生労働省の監督・指導を仰ぐことになる。

　なお、健保適用になると、病院から保険・共済に直接診断書を送付してもらうことが困難になることがあり、被害者の治療経過の把握がおろそかになりがちである。さらに、健保切替えを促した結果、かえって治療が遷延化してしまったということにならないように、定期的に被害者から診断書を提出してもらうように心がけるべきである。

　また、レセプト（診療報酬明細書）も病院が一部負担金の支払を受けた以上、患者には当然出すべきであるが、これは患者が健康保険組合に請求すれば、受け取ることができる。

関連問答 「健康保険を使えば一括払いはしない」

医 　当院は健康保険には一括払い手続きには応じない。患者の自己負担分はその都度支払ってもらう。

担 　やむを得ません。患者様にはその都度支払っていただきます。

　解説 　一括払いは、病院、被害者、加害者の承諾を得て保険会社が治療費を病院に直接支払うシステムであるから、病院がその承諾をしないのは、大人げのないことではあるが、法律上はやむを得ず、被害者はその都度支払をしなければならない。

　保険会社（担当者）としては、そのような場合は、その概算を内払いとして支払い、そこから支払ってもらうことも検討すべきである。

58　第三者行為傷病届が出ていないので使えない

病院側の発言	回答例
健康保険の適用は第三者行為傷病届が出されてからだ。	そのようなことはありません。第三者行為傷病届は後から提出いたします。

解説　健康保険適用の要件は、上記の通り被害者（患者）が健康保険の適用を決めて、健康保険証を提出することだけである。

第三者行為傷病届の提出は患者の義務ではあるが、後からでもよい。

関連問答　「健康保険組合が加害者の誓約書を出せと言っている」

被　健保（労災）にするについて、健保組合（監督署）が、加害者（保険・共済）の誓約書を出せと言っている。それを出してくれ。

担　用紙を見せてください。法律上、当方に責任のある範囲で協力させていただきます。（ **48** の関連問答も参照）

関連問答　「病院が健康保険組合の了解がなければダメと言っている」

被　健康保険証を出したが、病院が組合（市役所）で手続して、了解をとってこなければダメだと言っている。

担　そんなことはありません。第三者行為傷病届という手続は必要ですが、それは後でもかまいません。その手続は、当方でお手伝いしますから、とにかく保険証は病院に渡しておいてください。

解説　健保適用の実質的要件は被害者の意思であり、形式的要件は保険証の提出である。第三者行為傷病届は必要な手続ではあるが、適用の要件ではない。後でもよいのである。

第三者行為傷病届の提出が遅れたため、健康保険組合が加害者に求償する手続が遅れたり、請求権を失ったりして、損害を蒙った時は、被害者はその賠償をしなければならないが、現実にはそのような具体例はほとんど起こり得ない。（ **55** 参照）

59 健康保険・労災保険で安くなった分を還元せよ

被害者側の発言	回答例
健保（労災）を使えば、治療費は安くなる。せめてその半分でもこちらに還元せよ。	正当な補償は、（過失割合に応じて）すべてお支払しますが、そういう取引はできません。 ただ、健保を使っていただければ、当方の治療費負担が少なくなることは事実ですので、後日、示談の際、慰謝料額、過失割合の認定等において、許される枠内で考慮させていただきます。

解説 　微妙なところであるが、あまり筋のはずれた取引はすべきでない。また、健保切換えを急ぐあまり、あいまいな表現に終始して、被害者側に期待をいだかせると、後日のトラブルの原因となることは必至であるので、回答例のように、ある程度裁量の認められるものに限り、かつ、それにも限度のあることを明示すべきである。休損の認定等、本来資料に基づいて認定されるべきものまで、取引の材料とすべきではない。

関連問答 　「健保（労災）にしたから要求どおりにせよ」

被 　そちらの要望で、健保に切り替えてやったはずだ。示談金はこちらの要求どおり払え。

担 　当方の提示額は、資料等に照らして正当なものと思います。

【有過失事案】なお、健保切替えによって、あなたにも示談金額の点で、こういう（具体的に）メリットがあったことをご理解ください。

【無過失事案】その点につきましては、当初のお話のとおり慰謝料額の点で、これだけ（具体的に）上積みをさせていただいております。

60 健康保険・労災保険の手続をそっちでやってくれ

被害者側の発言	回答例
健保（労災）にするから、そっちで手続をやってくれ。	① 健保切替えの手続上の要件は、健康保険証の提出だけですので、そちらでお願いします。 ② わかりました。健康保険証を用意してください。お預かりして手続をします。

解説　健保適用の手続は、

① 保険証を病院に提示すること（適用の形式的要件）

② 第三者行為傷病届を出すこと（適用後の事後手続）

の二つである。

労災の場合は、所定の用紙に雇用主の証明をもらって、病院経由で監督署に提出することになる。

いずれも、本来は被害者自身がすべき手続であるが、加害者側がその「使者」として、被害者の署名・押印した書類を預かってこうした手続を手伝うことも可能である。このとき、病院、健保組合、監督署などから拒否されても、「ハイ」といって引き下がってはならない。誰が、いつ拒否したのか、責任の所在を明らかにして（この手続をとれば相手が引き下がり適用されることがほとんどである）その旨被害者に報告しておく必要がある（**55** 参照）。

61　柔道整復師の施術料をなぜ全額払わないのか

被害者側の発言	回答例
柔道整復師は法律で自らの判断で施術することが認められている。その施術料を何故支払わないのか。	おっしゃるとおりですが、当方はその施術の必要性、施術料の相当性に疑問があると考えております。 　また施術の部位、回数、期間が必ずしも適切でなく、また、金額も自賠責、労災基準等に鑑み高額になっております。 　最終的には裁判所の判断となりますが、私共は早期円満解決できるのであれば、ご請求額の…％程度はお支払いの用意があります。

解説　柔道整復師は、脱臼または骨折部位への施術は医師の同意を必要とするが、その他の損傷、打撲については独自の判断で施術することができ（柔道整復師法第17条）、健康保険も適用されるし、警察も施術証明書を人身事故の届出において受理する取扱いとなっている。

　しかし、柔道整復師がなしえる検査手段や判断には限界もあるので、柔道整復師が施術したというだけでは、それが合理的なもので、事故と相当因果関係があるとすることはできない。医師の診断内容、病状経過、受傷内容等に鑑みてその必要性が認められる場合であっても、施術が3か月を超えるときは、その結果に有用性が認められる場合に、相当な期間、相当な範囲で適切な金額が事故と相当因果関係が認められるとし、当初3か月分約50万円は認めたが、以降の約200万円は否認された例がある（大津地裁平成26年12月24日判決）。

　したがって、柔道整復師の施術料については上記の観点か

ら十分慎重に検討して対応すべきである。

6 治療費支払の打切り

　治療費の支払や内払いの打切りの問題は、示談成立に至るまでに避けては通れない問題である。金員の支払を続けている間は良好であった被害者との関係が、打切りの話を持ち出したとたんに緊張関係になることはよくあることであり、これまた担当者の頭を悩ます問題である。

　しかしながら、むち打ち症の遷延事例によくみられるように、もはや治療効果が認められない状態になっているのに漫然と通院を続けているのを容認し、漫然と治療費や休業補償などの内払いを継続することは言うまでもなく不当であるし、かえって被害者の社会復帰への意欲を阻害し、症状を難治化へと追い込んでしまうこともあるということも忘れてはならない。

　本項のポイントは、「症状固定」という概念を正しく理解して被害者に説明し、かつ、補償の切捨てではなく後遺障害補償の問題への移行となることを強調する(すなわち「正当な補償」の観点)ということである。

62　症状固定とは

被害者側の発言	回答例
症状固定とはどういうことか。	負傷について、通常なされる治療が一応終了し、それ以上はいわば「日にち薬」という状態で治療による有効な改善が認められない状態を症状固定と言います。症状固定後の残存障害については、自賠責により後遺障害に該当すると認定されれば、後遺障害として賠償されます。

解説　　症状固定後も対症療法的治療を健保などを用いて行うことはかまわないこと、その治療費は原則として傷害部分の損害賠償の対象にはならないこと、残存障害が自賠責の後遺障害等級表（資料3）に該当すれば、後遺障害として賠償されることなどを金額とともに説明する。

関連問答　「症状固定にしたら治療が受けられないのでは」

被　症状固定にしたら、治療は受けられないと聞いたが。

担　それは違います。損害賠償としてその治療費をお支払することはできませんが、健保等により治療を続けることはご自由です。

被　治療費を払ってもらえないのなら、やはり困る。症状固定にはしない。

担　症状固定かどうかは客観的な状態で判断され、あなたのご意思で決まることではありません。今後治療を続けられても、当方では症状固定とみていますから、傷害部分の損害の内払いならともかく、治療費としての支払はむずかしくなります。

63　症状は固定したが、まだ通院が必要だ

被害者側の発言	回答例
症状は固定したが、後遺障害があり、なお通院が必要だ。その治療費などは当然払え。	症状固定というのは、もはや治療効果が期待できない状態ですから、治療費としてはお支払できません。 　しかし、後遺障害に対する処置として必要なものは、後遺障害の補償のなかで対応が可能です。 　本件については、お申し出はもっともですから、全損害に対する内払いとして若干のお支払をいたします。

解説　　回答例に記載したように、後遺障害の程度・内容によっては、これに対する対症療法などで、症状固定後も医療機関で費用を要する場合もないではない。

　このような場合は、後遺障害認定手続きについて説明したうえで、認定された後遺障害等級に応じて賠償金が支払われること、および、残存障害に対する治療費は、後遺障害に対する賠償金の範囲内での補償となる旨あらかじめ伝えておくべきである。

　後遺障害の認定が終わり、その要求がもっともなときは、支払ってもよいが、むち打ちの対症療法のように後遺障害の内容によっては、認めがたい場合も多い。

　そこで、後遺障害の症状に応じて、上記のように応じるか否か判断すべきである。

64 | 自賠責が後遺障害を認めないときはどうなるのか

被害者側の発言	回答例
後遺障害が自賠責の手続で認められなかった時はどうしてくれるのか。	自賠責は、調査事務所が専門の医師の意見も聞いて公平に判断しますが、そこで認められない時は裁判もできます。 　自賠責の後遺障害基準に該当しなくても、症状が残っている時は、傷害部分の慰謝料として考慮されることもあります。

解説　調査事務所における後遺障害の等級認定は、金融庁および国土交通省の定めにより、原則として労働者災害補償保険における障害の等級認定の基準に準じるとされているため、手続き的にもこの認定判断は合理的で公平なものであること、及び、その判断は裁判所を拘束するものではなく、絶対的なものではないので裁判所の判断を求めることができることを説明して、スムーズな認定手続きに進める。

　むち打ちにおける残存障害のように客観的にはっきりしない症状とは異なり、例えば、歯の補綴が2本にとどまったような場合には、自賠責等級表の後遺障害に該当しなくとも症状が残ることは事実なので、慰謝料算定の考慮要素となることを説明しても良い。

65　まだ治っていないのに……

被害者側の発言	回答例
治っていないのに打切りだ、示談だというのは、人権問題だ。	あなたの現在の症状は、治療効果がない状態と認められるので、「症状固定＝後遺障害」と考え、それに対する適切な補償をしようと言っているのです。

解説　後遺障害として、適切な補償をするのであり、切捨てではないことを強調する。

したがって、「治療を打ち切ってくれ」という表現は避け、「治療費の直接払いを終了する」との表現や「症状固定であるので、後遺障害への補償手続に切替え、以降の治療費等については、対症療法等として必要な費用は、後遺障害に対する補償として支払を検討するが、治療のための損害賠償としてはみることができない」旨の表現が望ましい。

それ以降の治療費については、健保等を使用すればさしたるものではないことも説明する。

関連問答　「痛みが続くから通う」

被　病院で物理療法（物療）をしてもらったら、そのときは痛みが消えるが、翌日にはまた痛くなる。まだ治療が必要だ。

担　そういう状態は、治療による有効な改善効果が認められない状態で、まさに症状固定に該当します。示談をなされても健保等で治療は続けられます。

66 元の体になるまで治療を続ける

被害者側の発言	回答例
自分は完全に治り、元の体になるまで治療を続ける。 　その間は治療費、休業補償などを支払え。	治療費や休業補償は、治療効果のある間だけ支払われます。治療を続けても、症状の改善が認められない状態になれば、後遺障害として、一括補償することになります。 　それ以降は、治療費の支払もむずかしくなり、病院にも迷惑をかけますので、医師とよくご相談ください。

解説　客観的に症状固定と認められる状態になれば、休業補償はもとより、治療費の支払も原則的には停止される（ただし、それ以降の分は一切補償されないのではなく、後遺障害の補償に含んで、一括支払される）ことを、はっきり説明する。

関連問答　「示談金が納得できないので、通院を続ける」

被　納得のいく示談金を提示してくれないと、いつまででも通院を続けるつもりだ。

担　当方は、すでに症状固定時期、すなわち示談の時期と判断しておりますので、今後、いくら通院を続けられても、治療費も休業補償もお支払できませんし、提示している示談金額を増やすこともありません。

　解説　被害者側のこうした発言は、治療が示談金目当てであることを、自白するようなものである。その言動を後日の証拠とできるよう、詳しいメモ、録音などの方策をとることが望ましい。また、資料10文例①のような文書の利用が望ましい。

67 医者が通院を認めているではないか

被害者側の発言	回答例
医者が認めて通院しているのに、つべこべ言うな。	医者は、患者から求められれば診療を拒否できないので、その都度、一応の処置は行います。そのことと、あなたの傷病が症状固定の状態にあるか否かとは、別問題です。 当方は客観的にみて、あなたの傷病はすでに症状固定していると考えています。

解説　症状固定であるか否かについての主治医の判断は尊重されるべきではあるが、症状固定という概念は、基本的には症状が現に固定した状態にあるか否かの客観的事実をふまえて、後遺障害の補償の問題に移行すべきであるか否かの法的概念であって、医療の専門用語ではないことを銘記すべきである。すなわち、最終的には裁判所が判断すべき事項であり、医師の診断書よりもはるかに以前の時期を症状固定と認定した裁判例は数多く出されている。示談交渉の段階において、被害者の症状、治療経過などを見て、保険・共済が顧問医の見解などにより独自に症状固定状態と判断することは許されることである。

関連問答　「お前は医者か。治療のことに口出しするな」

被　治療のことは医者が決めるのであり、保険・共済が口出しすることではない。

担　医者は医療の専門家であり、その判断は尊重されますが、症状固定であるか否かは客観的なことであり、保険・共済側でも専門医の意見などを聞いて、独自に判断いたします。

68 むち打ちは何年もかかる……

被害者側の発言	回答例
むち打ちは骨に異常がなくても完全に治さないと一生苦しむことになると聞いている。 　むち打ちは何年もかかると聞いている。	レントゲンなどに異常のないむち打ちは、首の周辺の軟部組織の負傷に過ぎず、通常は長くても２、３か月で治るものと言われております。それを超えてあまり長期になりますと、事故以外の別の要因が疑われ、すべてが賠償の対象とはならなくなってきます。 　大病院の専門医と十分相談してみてください。

解説　　近時むち打ち症状については、外傷的傷害よりは心因的要因が多いことが多くの文献で指摘されている。

　　むち打ち被害者の治療の長期化については、被害者の言動を慎重に注視し、適切な対応が必要である。

　　最高裁昭和63年４月21日判決も、むち打ちについて「衝撃の程度が軽度で負傷が頸部軟部組織（筋肉、靭帯、自律神経など）にとどまっている場合には、入院安静を要するとしても長期間にわたる必要はなく、その後は多少の自覚症状があっても日常生活に復帰させたうえ適切な治療を施せば、ほとんど１か月以内、長くとも２、３か月以内に通常の生活に戻ることができるのが一般である」と判示している。

69　医者が首の骨が曲がっていると言っている

被害者側の発言	回答例
医者が首の骨が曲がっている、ズレていると言っている。まだその治療が必要だ。	人間の骨は年とともに多少のゆがみが出るものであり、まったく正常な人はほぼ、いません。あなたの場合がそうした範囲内なのか、あるいはそれを超えたものなのか、医師によっても見解の相違がありますから、一度別の大きな病院の専門医に診てもらってください。

解説　追突事故から発生するむち打ちは、被害者側に過失がないので、被害者意識が強いし、被害者にはその症状に不安も強く、自然に賠償要求も強くなって長引くことが多い。しかも、病院によっては経営上の理由からむち打ち患者に症状を誇大に説明し、不安をかきたて長期の治療を受けさせる例もなくはない。近時、事故の衝撃より事故に対する怒りの方が治療の長期化に関係が深いとの論文もあるぐらいである。

　むち打ちで、ある程度長期化してきたら、本当の専門医の見解をうかがうことが大切である。

70 | 低髄液圧症候群と診断された

被害者側の発言	回答例
低髄液圧症候群と診断された。 　ブラッドパッチの治療を受けたい。	低髄液圧症候群には、近時かなり信頼性のある診断基準も出ておりますので、まずは・・・様の診断結果、その資料をご提出下さい。 　当方も専門医の見解を求めて適切に対応させていただきます。

解説　　低髄液圧症候群は、かつて、マスコミなどで鞭打症はほとんどすべてそれによるもので、ブラッドパッチの治療でよくなるとセンセーショナルに報道されたため、鞭打症で悩む多くの人がそのように信じてその治療を求め、後遺障害等級7級以上に該当するとして高額の賠償を求めた裁判が多発した。しかし、その後研究が進み信頼性の高い診断基準が示され該当が認められるケースも存在するが少数であり、多くの例ではその該当性が否定され、せいぜい14級程度の神経症状にとどまるとされている。

　　そうした経過に鑑み、被害者の訴えには専門医の見解を求め、冷静に対応することが必要である。

71 PTSDだ

被害者側の発言	回答例
PTSDになった。 一生働けない。	専門医によるPTSDの診断をもらって、自賠責保険に後遺障害等級認定の手続してください。 　その結果を見て適切な対応をさせていただきます。

解説　PTSD（Post-traumatic stress disorder　心的外傷後ストレス障害）は、死の恐怖に近い場面に遭遇した人が、後にそのストレスで重い精神的な症状やフラッシュバックなどが起こり、社会生活に大きな支障を来す症状であるが、一時は神経症状がことごとくこのPTSDであるかのように言われたこともあった。

　しかし、近時医学的にも一応の整理がなされてその判断基準も確立されてきたので、専門家の手により適切な対応が可能となっている。

　この症状は、自賠責保険による後遺障害認定手続においては、非器質性精神障害として、14級以上の等級が認定される可能性があり、この認定があれば、相応の補償がなされる旨説明するのが適切である。

7　休業損害の認定

　　本項のポイントは、収入や逸失利益額の立証責任は本来被害者側にあり、被害者はそれについて信用性のある資料の提出義務があるという点と、事故前の収入額が立証されても、休業の必要性が認められない場合や、その収入が不動産収入や会社の役員報酬などのように、必ずしも労働の対価ではない場合には、休業補償の対象とはならないという点である。

　　また、事故によって発生した損害ではあっても、それが通常生ずる予測可能なものの範囲を超えた特別の事情によるものであるときは賠償の対象とはならない。

　　休業損害についてもう一つの大切なポイントは「申告」と「平均賃金」との関連である。被害者が正当な申告も納税もないままに多額の所得を主張してきたときに、実務においては安易にいい加減な資料でこれを認めたり、あるいは平均賃金を採用したりすることがあるが、それはまったく妥当ではない。国民はすべて申告、納税の義務を負っており、一方でこれを怠りながら他方で権利主張のみをするのは明らかにおかしい。担当者はこうした場合には申告額以上は一切認めないという頑なな態度に固執してはならないが、あくまで正しい収入の立証を求め、安易な休損の認定は決して行ってはならず、その人の生活状況、支出の状況などを含めて、社会通念、常識として納得のできる情報がない限り、支払に応じるべきではない。

　　但し、民事訴訟法248条は、損害の額の立証が困難な時には、裁判所は厳密な立証がなくても相当な損害を認定することができるとされている。

72 どんな資料を出すのか

被害者側の発言	回答例
どんな資料を出せばよいのか。	あなたの収入額を客観的に証明するものです。一番いいのは、税務署または市町村役場の発行する所得額証明書で、事故より前に申告されたものです。誰が見ても、これは間違いないと思えるものをお出しください。

解説 　自賠責様式の休業損害証明書にしても、源泉徴収票にしても、関係者が私的に作成できるものであるため、信用性の乏しいものが多いのが実情である。

　申告にしても、事故後に賠償目的に行われたものは、まったく根拠に乏しい。収入の立証は、本来、被害者の責任であるから、加害者側がその立証方法に口を出し、介入することは好ましくない。「信用できる資料をお出しください。当方はそれを見て判断します」という態度が大切である。収入のないことを知りつつ、形式を整えさせることに協力したりすると、背任罪（刑法247条）に触れる可能性もあり、絶対にしてはならない。

関連問答 　「資料の補充はそちらに任せる」

担 　提出していただいた休業損害証明書には、期間の記載がないなど、不備な点があります。

被 　そちらで適当に補充してくれ。

担 　それはできません。損害の立証は被害者の側で立証すべきことです。お送りいただいた書類はとりあえずお返ししますので、会社で補充してもらって、再度お送りください。

73　資料を出せとは何ごとか

被害者側の発言	回答例
被害者の方に資料を出せとは何ごとだ。店（事務所）まで見にこい。 　帳簿をまとめて送るから、そちらで判断してくれ。	損害の内容について詳しく把握しておられるのは被害者の方ですし、帳簿だけ見せていただいても判断できません。 　やはりそちらのほうで必要と思われるものを整理してお出しください。それを拝見したうえで、必要があるときには調査のためにお伺いする（あるいは専門の調査マンがお伺いする）こともあります。

解説　　損害の立証責任が被害者の側にあることは、前述のとおりであり、加害者側はその信用性を判断するに過ぎない。したがって、リサーチ会社等による調査を行う場合も、被害者側から一定の資料を提出させたうえで、その信用性を調査する方法で行うことが好ましい。

　リサーチ会社担当者は、ときとして調査の域を越えて休損単価の交渉めいたことをしたり、あるいは何らかの言質をおいてくることもある。好ましいことではないので、事前にその旨徹底しておく必要がある。

　また、収入の認定は原則として、納税証明書など、客観的かつ明確に収入額を推計しうる資料を中心に行うべきであり、帳簿の知識のない担当者がこれを預かって帰るようなことは避けた方が無難である。

74	資料を出したら必ず認めるのか

被害者側の発言	回答例
休業損害証明書など、資料はいくらでも出す。出したら、必ず認めるのか。	見せていただいて検討してから、お返事します。 見ないうちに、お約束はできません。

解説 こういうやりとりのなかで、言質をとられ、無理な支払を強制されている例が多い。休損資料の作成・提出は、あくまで被害者の責任であり、加害者側はその証明力を判断する立場である。

見てから答える、見ないうちは約束しない、当然のことであるが、徹底すべきである。

関連問答 「申告があれば必ず認めるのか」

被 申告があれば、必ず認めるのか。

担 見せていただければ、検討します。

事故前の申告でしたら、尊重して検討します。

解説 事故後の申告は、それ自体としては根拠とはならない。真実性を含めて、その内容を調査することとなる。

事故前の申告は、真実性については、大きな証明力がある。ただ、その額のうち、どの範囲が休業補償の対象となるかは、その申告内容により、検討されることとなる。

休業補償は、労働の対価としての収入のみが対象であり、不動産所得や配当所得、会社役員の賞与、報酬などは、必ずしも全面的には休業補償の対象とはならない。

関連問答 「その書類を出せばいいのだな」

被 その書類を出せばいいのだな。

担 お出しいただければ検討します。

75　源泉徴収がないから認めないのはおかしい

被害者側の発言	回答例
雇主の休業損害証明書を出しているのに、源泉がないからと言って認めないのはおかしい。	給料については、源泉徴収をすることは法律上の雇主の義務であり、それがない場合は証明力が十分ではありません。もう少し調査したいので、別紙に詳しくご回答いただけますか。

解説　　源泉徴収のない休業損害証明書が出されたときには、他の状況からみて一応の信用ができる場合（例えば、給料の明細書や通帳が提出された場合など）以外には、より詳しい事情を調べるべきであり、若い独身者が高額の証明書を出してきたような時には、簡単に認めるべきではない。

その具体的な勤務形態、実際の職場、そこでの仕事の手順などを別紙のような様式（資料9）で詳しく聞いていくと、虚偽の証明書はすぐ破綻するものである。

関連問答　「源泉徴収さえ出せばいいのか」

被　源泉徴収さえ出せば、必ずそのとおり認めるのだな。

担　実際の資料を見ないうちに回答はできません。ご提出いただいたら、検討してお返事いたします。

被害者側の発言	回答例
平均賃金なら、誰でも払えるのだろう。それでいいから、当面払ってくれ。	平均賃金の採用については、被害者の方が、おおむねその程度の収入のあったであろうとの証明をすることが前提となります。 　やはり、あなたの本当の収入の実態を明らかにしてください。

解説　平均賃金の採用についても、被害者が、その仕事、生活の実態（家族の状況など）などから、労働の対価として、おおむね、その程度の収入のあったことの証明は必要である。何の裏付けもないのに、安易に平均賃金を認めてはならない。

　定職がなく、一時的な不労所得などで暮らしているような人には、平均賃金も適用できない。

関連問答　「支払がこれだけあるから稼ぎも……」

被　毎月の支払がこれだけある。当然、これに見合う稼ぎがあったのは明らかだから、最低これだけは補償してくれ。
　3人の扶養家族がいて、月々50万円の生活費がかかるのは当たり前だろうが。

担　収入の認定はあくまでも事故前の確実な資料に基づいて認定されます。収入についての資料を提出してください。

解説　休業補償は、労働の対価たる収入について、労働能力の喪失の割合に応じてなされるものであり、支出額からその額を推認することには問題がある。なぜなら、支出のもとになる「収入」には、家賃・利子等の不労所得や、場合によっては、預金や借入金等も含まれ得るからである。

　裁判において、生活状況から収入を認定する手法がとられることもあるが（大阪地裁平成18年2月10日判決等）、その認定には慎重を期すべきである。

77　税務対策上過少申告している。本当は……

被害者側の発言	回答例
申告はしているが、税務対策上過少に申告している。実際の収入はこれだけあったのだから、補償してくれ。	①　収入額の認定は、原則として事故前の申告を中心になされます。提出していただいた資料では十分とは言えません。 ②　確かにある程度申告額以上の収入があったことはわかりましたが、やはり、申告額が一つの基準となりますので、平均賃金を限度として認めます。

解説　　申告外の収入の有無が問題となることは、裁判でもよくあるが、厳格な証明が要求される。事故後に修正申告が行われるケースもあるが、賠償目的のため高額所得を申告する動機がある以上、その信用性は高くない。示談交渉の段階で申告外収入を安易に認めることは慎むべきである。脱税・過少申告は犯罪行為であり、厳しい態度で臨んでよい。

関連問答　「誰でもやっていることだ」

被　申告は圧縮してある。誰でもやっていることだ。

担　脱税は犯罪です。私たちはキチンと税金を払っています。
　おっしゃることには同意できません。

78 事故のため昇給がなかった。補償せよ

被害者側の発言	回答例
事故で休んだため昇給がとんだ。将来にわたりその損害をみてくれ。	昇給が遅れたことと将来の回復見込みについての証明書を出してください。妥当な範囲で計算します。

解説 多くの場合、こうした遅れは数年で回復すると考えられるので、そんなに長期間を認めることはない。

仮に退職まで回復不能との証明が出ても相当因果関係の問題として妥当な期間に制限できるものである。

関連問答 「有給休暇で休みを処理したのでその分をみよ」

被 休んだ分について有給休暇で処理した。その分をみてくれ。

担 妥当な範囲でお支払します。証明資料を出してください。

解説 一応支払可能な場合でも、資料を見ずに無条件に約束してはならない。確約は資料を検討し、具体的金額が明らかとなってからである。

関連問答 「会社をクビになった、どうしてくれる」

被 事故のため長期間欠勤したので会社をクビになった。この損害をみてくれ。

担 休業補償は労働能力喪失によるものですから、休業損害としては認められませんが、慰謝料の斟酌事由として考えさせていただきます。

解説 こうしたケースは、労働の能力と意思があれば失業保険も支払われるので、原則として休業損害としては認められない。ただ、再就職のため若干期間を要したり、条件が悪化することはあるので、ある程度は慰謝料等により斟酌すべき場合もある。

79 店に代わりの者を雇った。その給料を払え

被害者側の発言	回答例
店（スナック）を維持するのに自分の代わりになる者を雇った。その者の給料分は自分の休業補償とは別だ。	収入が維持されている以上、代替労働者の費用のみがあなたの休業損害となります（ただし、必要かつ相当額に限ります）。

解説 代替労働により従前の収入が維持されれば代替労働の費用のみが損害である。

それでもなお減収があったときは、その減収分が加算される。しかし、その（合計額の）上限は、被害者本人の従前の所得額である。

関連問答 「店の家賃や従業員の給料を払え」

被 店（スナック）を閉めても、家賃や従業員の給料を支払わなければならない。これは自分の休損とは別に補償してくれ。

担 ① このケースでは、店を閉めてしまわなければならない必要性が認められません。したがって、本件ではあなたの所得分は補償いたしますが、家賃等の固定経費は賠償の対象外と考えます。
② 若干は認めますが、数か月分が限度です。

解説 店を一時しめなければならなかった場合の損害は、従前の利益、つまり収入－経費である。

しかし、家賃等、店を閉めても必要な固定費があれば、それは別途損害となる。

ポイントは、どの程度の期間店を閉める必要性があったか、従業員にはどの程度の休業補償の支払が必要だったかの二点である。

よほどのことがない限り、代替労働で店は維持できる場合が多いであろう。

80 | やろうとしていた事業がダメになったので補償しろ

被害者側の発言	回答例
事故前にすすめていた事業（契約）が事故のためダメになり、大きな損害が出た。これを補償してくれ。	事故により補償されるのは、いわゆる「通常生ずべき損害」であり、ご主張の損害は特別の事情によるものと考えられますので、お支払できません。

解説 いわゆる相当因果関係の問題（30頁参照）である。このような損害の発生は普通は予期し難いし、金額的にも通常は予測不能であるので、特別損害となる。本来被害者の方で保険等のリスクヘッジをしておくべきで、相当因果関係が肯定されることはまずないといってよい。補償の対象となるのは、やはり要休業期間中の予測される所得の範囲だけである。本問に類した要求が出ることは案外多いので、注意を要する。

関連問答 「事故のため倒産したのですべて補償しろ」

被 事故のため仕事ができず、注文のキャンセルが相次いで、倒産した。そのための損害をすべて補償してくれ。

担 仕事ができなかった分の休業補償は、資料に基づきお支払いたします。それ以上の損害は「特別損害」として賠償の対象になりません。

81　企業損害を払え

被害者側の発言	回答例
重要な従業員が休んで会社にも損害が出た。その分を賠償せよ。	被害者本人の損害以外のものは、間接損害として原則として賠償の対象とはなりません。お申出の分は企業損害と言われるものですが、それは実質的な個人企業において、その企業主が受傷したときにのみ例外的に認められるもので、本件では無理です。

解説　こうした企業損害はいわゆる間接損害であるが、判例（最高裁昭和43年11月15日判決）によって個人会社で、その実権が個人に集中して代替性がなく、経済的にも個人と会社が一体をなす関係である場合にのみ、賠償の対象とされることになっている。

　この要求にはこの判例を説明して断ることとなる。

8 その他の損害について

　被害者側から、事故と少しでも関連のある支出を何でもかんでも請求されて困ったことのある担当者も多いであろう。

　本項では、付添看護、通院交通費その他の各損害に関して実務上問題とされることの多い事例を取り上げてみた。

　事故によって「通常生ずべき損害」が賠償の対象であり、特別な予測不可能な事情によって発生したものは、「特別損害」として相当因果関係はなく損害賠償の対象とはならない。

　この理は被害者の理解を得ることがむずかしく、担当者の苦労するところであるが、本項の各事例などを参考にしてそのアウトラインを理解していただければ幸いである。

82 付添看護人を頼んでいいか

被害者側の発言	回答例
付添人を頼んでいいか。	医師が付添看護を必要とすると判断されれば、その費用は当方で負担します。

解説 こうした質問に対し、いいか否かの観点から答えてはならない。付添人を頼むか否かはあくまで被害者の決めることであり、加害者側はその費用を負担するか否かだけである。

ただし、過失のある場合には、その分は被害者負担となることを必ず告げること。

関連問答 「家族に付添を頼むので看護料を出せ」

被 付添人は高いだけで役に立たない。家族の者でするから同じ額を出してくれ。

担 付添看護費用が認められるのは診断書上「要付添」とされている場合か、被害者の方の年齢や状態でやむを得ない場合に限られます。家族の方が付添されたときの看護料は、1日6,000～6,500円程度の定額です。

解説 近親者の付添は、基本的には親愛の情からなされるのであって、職業としてのものとは質的に異なる。

これは、近親者がたまたま付添看護を業としている場合でも、同じである。

また、最近は完全看護体制の病院が増えているので、認定の要否についても留意する必要がある。

関連問答 「付添家族の休業補償をせよ」

被 家族の者が付添をしたので、その者の休業補償をしてくれ。

担 被害者の付添看護料として必要な期間に限り1日当たり、○

○円程度でお支払いします。

解説　有職の近親者が付添看護に当たった場合でも、前問で述べたとおり、原則として定額の補償である。なお、幼児の母親など代替性のないケースについては、その者の所得日額が一応の基準となる。この場合でも、被害者の付添看護料として支払われるのであって、付添者の休業補償として支払うのではない。間接被害者の損害を認めた形になると、その他の請求を誘発することになるので、注意を要する。

83 近親者の見舞いのための交通費を払ってくれ

被害者側の発言	回答例
家族の者が付添や見舞いのため交通費がかかったので、払ってくれ。 親戚の者が遠方から見舞いにきたので、旅費・宿泊費を払ってくれ。	身内の方の付添交通費は、付添料としてお支払する分に含まれます。また、近親者の見舞い等は親愛の情からでるもので、その交通費は原則として賠償の対象とはなりません。

解説 この場合、近親者に固有の損害賠償請求権が認められるものでないことは言うまでもない。また、近親者の見舞い等は見舞いを受けた者がその旅費等を負担するような性格のものではなく（むしろ逆に見舞金等をもらうくらいである）、被害者本人の損害賠償請求権の範囲にも属さない。

ただし、重篤な受傷の場合に、両親が遠方からかけつけたような時には、その旅費が認められることはある。

84　交渉のための電話代、交通費を払え

被害者側の発言	回答例
事故のため、加害者、保険会社に何度も電話し、足を運んだ。その電話代、交通費を払え。	そうした電話代は事故による損害とは認められていません。 　金額的にもわずかですし、その都度その必要性を個々に認定することもできません。交通費も治療のためのもの以外はお支払できません。 　そうしたことは慰謝料によって補われているとご理解ください。

解説　こうした支払は、被害者の随意によって発生するものであり、その個々について必要性、相当性を判断することもできないし、金額的にもさしたるものではないので、むしろ人の社会生活の中で通常発生する出費の一部であるものとして、事故による賠償の対象とは考えないものである。事故に起因する面があることは事実であるが、その点は慰謝料によって補われるものと考えるのである。

85 タクシーで通院していいか

被害者側の発言	回答例
タクシーで通院していいか。	① タクシーで通院を要する状態とは認められません。公共交通機関の費用以上は、お支払いたしかねます。 ② 片道いくらですか……。 　イ．結構です。お支払します。 　ロ．それはあまりに高過ぎます。約束できません。

解説　損害賠償法を支配する公平の原則から、被害者にも損害を最小限におさえるべき義務が認められる。したがって、通院のタクシー代が損害として認められるのは、骨折等で歩行に障害がある場合とか、公共の交通機関の利用が著しく不便であるときなど、正当な理由のあるときに限られる。後者の場合でも、通常の距離なら、タクシー利用はやむを得ないが、あまり遠い場合はむしろ病院の選択に問題があろう。相手のいない傷病の場合にとる通常の通院方法を考えれば良い。

関連問答　「家の者に送迎させるので、タクシー代を払え」

被　家の者（知人・同僚）に送迎させるから、タクシー代を払ってくれ。

担　それはできません。ガソリン代、もしくはバス、電車の運賃相当額が限度です。

86　タクシー通院のためのチケットを出せ

被害者側の発言	回答例
タクシーで通院するから、チケットを出せ、ツケにせよ。	ある程度、その費用を内払いとして前渡ししますので、その都度、お支払ください。あとで精算させていただきます。

解説　交通事故の場合は、とかく加害者の金なら何をしてもよいという気分になりがちである。その都度、現金を支払ってもらうと、多少なりともそうした気持ちが抑えられる。また、内払いとしての支払なら、個々のタクシー通院の正当性（その額とか使用目的の妥当性）についていちいち議論しなくてすむ。

　チケットなどを渡してしまうと、買物や回り道に使われたりしやすく、後の処理が困難になる。

関連問答　「通院するから、送り迎えをしてくれ」

被　通院するから、送り迎えしてほしい。

担　必要な費用は負担しますので、ご容赦願います。

　解説　加害者が特に誠意を示すため、その意思があるときはしてもよい。しかし、払った犠牲に見合う成果が得られることは少ない。

　保険・共済の担当者自らは、こうしたことまではすべき義務はなく、また、そうしたことをするのは、筋違いでもある。たまにはそうしたことで被害者の理解が得られ、示談が円滑に運ぶこともあるが、あくまでも例外である。

87　母親が入院し子供を預けたので、その費用を払ってくれ

被害者側の発言	回答例
母親が入院したので、親戚の者に子供を預けた。1日〇〇円払ったので認めてくれ。	妥当な範囲で承認しますが、ご本人の休業損害の一部として処理されます。参考といたしますので、具体的にお支払された証明書をお出しください。

解説　専業主婦の場合には、主婦としての休損とは別個に子供を預けた費用が認められるわけではないので、その分だけ休損が減額されることになろう。有職女性の場合は、給料とは別に認定されるが、金額については相当制限されよう。また、こうしたケースについては、その額に客観性が乏しいので注意を要する。

　したがって、領収書等が提出されても、そのとおりに認定されるとは限らないことを、予め明言しておく必要がある。

関連問答　「家政婦を雇ったので、その費用を払ってくれ」

被 担　妻が入院したので、家政婦を雇った。この費用を払ってくれ。奥様の休業補償として〇〇円（平均賃金）を限度として、お支払することになります。

　解説　専業主婦の場合には、代替労働と同じ理屈になるので、主婦としての休業損害（平均賃金）と家政婦代のどちらか低いほうを認定することになる。有職の主婦の場合も、家事労働分の加算を認めない（認めても合計で平均賃金を限度とする）のが判例の大勢であるから、認定される休業損害のみを支払うことになる。

88 家庭教師を雇ったので、その費用を払ってくれ

被害者側の発言	回答例
事故で学校に行けず、勉強が遅れるので家庭教師を雇った。これを支払ってくれ。	それは独立の損害とは認められませんが、慰謝料の斟酌事由にはさせていただきます。

解説　被害者の学年・受傷内容・期間にもよるが、個人的な家庭教師による指導が真に不可欠というような例は極めて例外的であると思われる。事故でなく、病気で休んでも一般的にそうするかが判断の分かれ目である。

関連問答　「事故のために留年した」

被
担

事故のために留年した。余分にかかった授業料分を払え。
① 治療による休学が長期にわたり留年がやむを得ないと認められる場合
→ 支払の可否、金額を検討いたしますので、欠席日数の証明書と学費がわかる資料をご用意ください。
② 比較的軽微な傷害の場合
→ 本件では、事故と休学及び留年との因果関係の認定が困難です。

89 | 医師等への謝礼を払ってくれ

被害者側の発言	回答例
医者、看護師への謝礼を払ってくれ。	それは負担しかねます。 （雑費等の内払いとして、お支払いします）

解説 　こうした謝礼は金額にもよるが、原則として補償の対象外である。被害者がその気持ちとして支払うものであって、その金額等にも客観的な基準がなく、加害者側に転嫁すべき性質のものではないのである。裁判例においても、重大な手術をしたようなケースで、認められても数万円〜10万円程度である。

　近時は、公立の病院はもとより、良心的な病院はこうした金員の受取りを廃止しているところも多い。

　トラブルを避けるため、内払いとして、被害者に一定の金額を支払うのも、一つの方法ではある。

関連問答 　「手術の際には礼金が必要だ」

被
担 　手術の際に担当医師に10万円単位のお金を渡すのは常識だ。
そういったものは、正当な治療費に属するものではありません。謝礼とすれば、被害者（患者）側のお気持ちとして渡されるものと思います。

90　裁判例からみても、提示された慰謝料は低過ぎる

被害者側の発言	回答例
裁判になれば慰謝料の額は○○万円くらいにはなると聞いている（この本には○○万円と書いてある）。お宅の提示額は低過ぎる。	慰謝料につきましては、傷害の程度や入通院の期間、その他一切の事情が考慮されますので、本来幅のある概念です。むろん、過去の例を参考にした一定の基準は存しますが、本件ではこの額が妥当な額と考えています。 　また、裁判例との比較については、話合いによる場合は若干低めになるのが通例です。

解説　慰謝料についての裁判所の基準と保険・共済等の基準にある程度の差額があることは事実であるが、慰謝料額はその性質上もともと幅のあるものであるし、認定の際の資料や時期、方法によってもある程度は差異があるのでやむを得ないことであり、どちらが正しいという問題ではない。要は、内部基準の押しつけとなるような説明をしないことである。

　また、他覚所見のないむち打ち症のような場合、裁判所の慰謝料基準は通常の傷害の3分の2程度とされている。

9 物損について

　車両同士の事故が発生したとき、まず話し合われるのは、通常物損の処理をめ
ぐってである。この折衝において失敗すると、後に響くところが大きい。しかも、
物損については、金額はさしたるものでなくても、特有の厳しい争点があり、担
当者の裁量の幅も少なく、最も苦労するところである。

　本項のポイントは、まず第一に金銭賠償の原則に徹するということである。現
物で賠償したり、加害者側で代車を用意したりすることは後日に問題を残すこと
が多い。

　第二のポイントは物損には経済的全損（つまり、修理費が車の再取得価額（時
価額）を上まわるときは、後者が賠償の限度となること）の問題があることであ
る（但し、対物超過の特約がある時は、修理を条件として一定額までは支払われ
る。）。

　また、加害者－被害者－修理業者の修理費用をめぐる法律関係については、病
院における治療費の支払い関係について述べたことがそのまま当てはまる点にも
注意を要する。

　なお、物損の処理については、特有の問題点のあることは、第Ⅰ編第3、6（51
頁）において述べた通りである。

91 車の修理代を払え（被害者より）

被害者側の発言	回答例
車の修理代を払え。	責任ある回答は、当方の担当者が車を見せていただいてから、ご返事いたします。 　いつ見せていただけますか。（この手順を経て） 　金〇〇円まで負担します。（過失相殺なくかつ修理代が時価額を超えないことが確実なときは） 　正当な修理代は負担いたしますが、早急に当方の担当者に車をお見せいただき、修理代の協定をさせてください。

解説　問題は次の三点である。

① 過失相殺はないか

② 修理費が時価額を著しく超えないか

（対物超過の特約がある場合はその限度）

③ 修理方法・内容が適切か

　責任ある回答は、これらの点を確認してからとなる。担当者は常にこの三つの問題点を念頭において、発言しなければならない。

関連問答　「示談はしないが、修理費は払え」

被　評価損（格落ち）に納得できないので示談はしないが、修理代は工場に直接払っておいてくれ。

担　修理費の支払いについて、ご異議のないことを文書でください。当方の承認した範囲ならお支払します。

　解説　正当な修理費であれば、示談前でも被害者の同意があれば支払ってもよい。ことに協定がある場合は、修理工場も早期に支払を求め、期待しているので、示談まで支払わないというのは妥当ではない。ただし、この同意は必ず文書でと

る必要がある。

　物損の中心的課題である修理代の処理が終われば、残る格落ちの問題は否定あるいは正当な額を示すだけでよいことになる。

92　車の修理代を払え（修理工場より）

被害者側の発言	回答例
修理代はお宅で払ってくれるのか。(修理工場)	当方の担当者が車を見せていただいてから、お返事します。 （車を見てから） 金○○円まで負担いたします。ただし、関係者に異議がない場合に限ります。

解説　**91** で指摘した問題点のうえに、さらに次のことがある。

修理費は本来、保険・共済 → 加害者 → 被害者 → 修理工場と支払われるものであり、これを保険・共済 → 修理工場とするには、加害者、被害者の同意が必要である。なぜなら、例えば被害者は修理はしないで、買換を考えているのかもしれないし、修理工場に対するクレームがあるかもしれないからである。

なお、修理工場は留置権（民法295条）により、修理代が支払われないときは、車の引渡しを断ることもできる。

関連問答　「修理にかかってもよいか（修理工場より）」

被
担
　車の修理にかかってもよいか。（修理工場より）

被害者の依頼により、修理されることはご自由です。しかし、その修理費の負担については、……（以下、上のとおり）。

解説　修理の注文者は被害者であることを忘れない。加害者側は、その費用についてどこまで負担するかについて、責任と権限があるに過ぎない。この線をはずれた発言（あたかも保険会社が修理を発注するような発言など）は必ず後日に問題を残す。

93 この車が気に入っているので、とにかく修理する

被害者側の発言	回答例
この車が気に入っているのだから、修理する。その修理費を支払え。	この車の時価は○○円ですから、それ以上のお支払はできません。

解説　裁判所は、車の補償としては、その機能と財産的価値を回復すればよいと考えており、気分、感情のことは、賠償の範囲外としている。

したがって、修理費がその車の時価額を著しく超えるときには、いわゆる経済的全損となり、対物超過保険の特約がない限り同種中古車の再取得に要する費用(=主として時価額)が賠償の限度となり、それを超える修理費は認められない。それでも修理をするのは、被害者の自由であるが、損害賠償として支払える額に限度があることを明確に伝える。

対物超過保険特約がある時は、修理された場合に限ってであるが、一定の限度でその支払のあることを告げる。

なお、経済的全損の事案において、対物超過保険を使用して車の修理を実施した際に、修理に要する期間が代替車両の買い替えに必要な期間を超過する場合は、相当な代車期間は(修理期間ではなく)代替車両の買い替えに必要な期間に限定されることに注意を要する。

関連問答　「車をそちらで直してくれ」

被　車はそちらで直してくれ。

担　あなたの車ですから、修理はあなたが適当な業者に発注してください。その費用については、……(以下、**91** のとおり)。

解説 94 、 95 、 96 と同様、現物による補償は極力しない。修理の方法、内容にクレームがついても困るし、上記の経済的全損のような問題が起きることもある。

94　修理をもう一度やり直す

被害者側の発言	回答例
車がうまく直っていないから、修理をもう一度やり直す。	車はあなたの車で、修理を注文されたのもあなたです。したがって、それは第一次的には、あなたと修理工場の問題と思います。 修理工場と話してください。 最初の修理の不具合について、修理工場に責任がなく、必要性のある修理で、金額が相当であれば、当方で負担いたします（過失割合の範囲で）。 当方の鑑定士が伺いますので、そちらと修理工場との話合いの結果をご連絡ください。

解説　こうした問題は修理の手落ちなのか、被害者の高望みなのか、いろいろなケースがある。

加害者としての責任は、妥当な修理費を負担すべきことにつきるので、修理をするかしないかなどの問題に介入すべきでない。

関連問答　「修理はしたが、やっぱり乗り換える」

被　修理はできたが不安が残るので、やっぱり乗り換えることにする。その分の補償をしてくれ。

担　乗り換えられるのはそちらの自由ですが、当方では、本件事故は修理可能と判断しております。したがって、損害賠償としては修理費用が限度となります。

95 　新車にしてくれ

被害者側の発言	回答例
新車にしてくれ。	（修理可能の場合） 　物損の補償は、原則として、修理費のお支払ということになります。新車はご容赦ください。 （修理不能の場合） 　こうした場合の補償は、車の時価額ということになっておりますので、新車はご容赦ください。

解説　　　新車であっても、登録・引渡しをされた段階で、それだけでも時価は新車価格より、かなり下がる。

　　　したがって、どんなに新しい車でも新車からみればすでに、相当の時価の減価が発生しており、賠償として新車の再提供ということはまずあり得ない。裁判所も、どんなに新しい車でも、ある程度の格落ち損が認定される場合はあっても、新車再取得の補償が認められることはほとんどない。この要求はハッキリ断るべきである（資料10文例⑤参照）。

関連問答　「同じような車を持ってこい」

被　事故車は乗る気がしないから、同じような車を持ってこい。
　　（修理可能の場合）

担　車の補償は、修理代のお支払しかありません。車の買換えをこちらがお世話することは、かえって後に問題を残しますので、ご容赦ください。

　　解説　こうした現物での補償の話は、まとまることもほとんどないし、仮にまとまっても、後日に故障が起きたときなど必ず問題を残すので、応じてはならない。中古車センターに同行するようなことも、避けるべきである。

96　その時価額では、前と同じ車は買えない

被害者側の発言	回答例
その時価額で、前と同じ車が買えるのなら、買ってきてくれ。（修理不能の場合）	交通事故の賠償は、金銭でさせていただくしか方法がありませんので、ご容赦ください。 　どうぞあなたのほうで、お好みの車をご購入ください。事故車の時価額の範囲内で（あるいは金○○円まで）当方で負担させていただきます。

解説　95 の関連問答の趣旨と同様である。

関連問答　「諸費用を払え」

被　車を買い換えるのに、車の代金のほかに諸費用がかかるのは当然だ。その分も負担しろ。

担　明細を出してください。検討します。ただし、全部は負担できないと思います。

　解説　税金、保険料などは、原則として賠償の対象外である。

97 修理が終わるまで代車を用意してくれ

被害者側の発言

車が直るまで、代車を用意してくれ。

回答例

　代車を当方から提供できるのは、どうしても代車が必要であり、かつ、タクシー代等によって金銭的に見積もるより、代車の方が経済的である場合に限られています。また、その期間も修理に必要な期間だけです。

　上司と相談してすぐ回答しますので、代車がどうしても必要であるという理由（車の使用方法）を具体的に言ってください。

（検討のうえ）

① 　代車として、レンタカーをお届けいたします。車の修理期間は○日間ですから、○日には必ずお返しください。また、ガソリン代などは、そちらの負担となりますので、その点もご了解願います。

② 　検討の結果、代車をお届けすることはできません。代わりにタクシー代などとして、1日○○円で○日分合計○○円をお支払しますので、ご了解ください。

③ 　本件は代車を認めるべき事案とは考えませんので、代車のご要求には応じられません。

解説　　代車の必要理由は、しっかりと聞く必要がある。安易に認めてはならない。

　認める場合でも、代車として現物（レンタカーなど）をこちらで手配することには、問題が多い（被害者が約束の期間を過ぎても代車を返還しない場合でも、レンタカー業者との間では契約責任によりレンタル料を負担しなければならなくなる）。

　できるだけ、金銭ですませるのがよい。被害者側も、本当はその方がよいはずである。

　代車を出すときには、必ず期間を切る。車の修理方法など
に合意がなく、修理に着手していない場合でも同様である（対
物超過特約を適用する場合、 **93** ）。

　この期間制限に相手が同意しないときは、代車の現物は絶
対に提供してはならない。代車が人質のようになってしまう
からである。（返還請求を法的手続——例えば仮処分など—
—でするには大変な手間と費用がかかることになる）。

　実務では、一方的過失の事案では、レンタカーをすぐ届け
るのがサービスのようになっているが、被害者は自己過失の
時はレンタカーなどを借りることは少ないはずであり、もと
もと損害賠償として問題があるうえに、上述のような法的リ
スクがあることを十分理解しておく必要がある。

関連問答　　「代車を出してもよいか（修理工場より）」

被
担
　　代車を出してもよいか。（修理工場）
　① 　代車を出されるのはご自由ですが、その代車費用を当方
　　がどの程度負担できるかは、後日の問題です。
　② 　○日分○○円までは、示談がすみ、関係者の了解があれ
　　ば、当方で負担します。
　解説 　こういう問いに漠然と「どうぞ」と答えて、あとで「約
　束があった」といって、大きな問題に進むことがよくある。
　　誤解されないよう、しっかりと回答しなければならない。
　　認めるときには、必ず日数、額を明確にする。
　　なお、修理工場がレンタカーとしての許可を受けていない
　保有車を有償の代車として提供することは、営業と認められ
　れば違法である（道路運送法80条１項）ことも念頭に置く
　必要がある。
　　代車料の負担が、物損の保険収支を悪化させているといわ
　れている。各保険会社、共済はこの安易な代車の提供を再考
　すべきである。

98 代車を返さない

被害者側の発言	回答例
要求どおりにしないと、代車を返さない。いつまでも乗り続ける。	（代車を提供している場合） 　当方から提供した代車は、当初のお約束どおり○月○日までです。そのときまでにお返し願えないと、それ以降の1日○○円の費用はあなたの負担となりますし、また法的な仮処分などで車を強制的にお返しいただかねばならなくなります。 （代車を提供していない場合） 　当方が代車費用としてお支払できるのは○月○日分までです。それ以降はご使用になっても当方はお支払いたしません。

解説　代車の提供、支払約束については、必ず期間を設けるべきことは 97 に述べたとおりである。それでも修理方法（全塗装など）や、格落ち、全損の場合の時価額などについて折り合えないとき、被害者が代車を返さないことがある。

　こうしたとき、現物で提供していると困難な状況になるのであるが、いずれにせよ、ハッキリその不当性を指摘し、違法に代車の使用を継続すれば、1日いくらという具体的金額を示し、その費用は被害者の負担となること、およびその額は被害者への示談金の支払金から控除することを示すべきである。この手続きをとれば、ほとんどの場合は返ってくるのである。

（資料10文例④参照）

99 塗装は焼付・全塗装にしてくれ

被害者側の発言	回答例
修理について、塗装は焼付・全塗装にせよ。	損傷の部位程度からみて、部分塗装が標準的な修理方法であり、それ以上のお支払はできません。

解説　　賠償は、標準的な修理方法による修理費である。特別な修理方法による費用は、賠償の枠外となる。

　この場合も、加害者のない事故の場合でもそうするかの点が判断基準である。

関連問答　「部分塗装だと、すぐ事故車だとわかる」

被　部分塗装では、色つやが他の部分と異なり、一見して事故車とわかる。

担　それほどのことはないと思います。一般的には部分塗装とされていますので、本件も同様に願います。

　　解説　標準的、一般的な方法であることを強調する。交通事故の損害賠償としては「相当」な賠償で足りるのであり、「完全な」原状回復が求められているのではない。

関連問答　「完全に元に戻せ」

被　こちらは何も悪くないのに、なぜ完全な状態にしてもらえないのか。

担　事故の補償は社会通念上、通常の修理方法に限ります。この程度の損傷の場合は普通は全塗装いたしませんので、ご了解ください。

100 格落ちはどうしてくれるか

被害者側の発言	回答例
格落ちはどうしてくれるか。	修理してもなお、機能の回復が十分でないなどで、時価額の減少が明らかに認められる場合は、格落ちとして補償します。

解説　比較的新しい車で、損傷の程度が軽微でなく、修理しても完全には元の機能を回復し得ないものについては、格落ちが認められることがある。また外国製の高級車については、その商品価値の面から格落ちが認められる例がある。ただし、最近は骨格部分の損傷があるなど、商品価値の下落が見込まれる具体的な根拠がないと、格落ちは認められない方向にある。

　この場合、「当方の基準では格落ちが認められるのは、購入後○○か月以内、走行○○ km 以下です」という回答は好ましくない。あくまでも正当な補償の範囲内か否かを論じるべきであって、単なる基準の押しつけであってはならない。

　また、上述のような回答方法では「それならば、保険・共済で認められない分は加害者に請求する」ということになりかねない。正当な評価損といっても、その額はせいぜい時価の10％、または修理費の10〜20％、最大でも半分以下である。（資料8、車両損害の評価損判例参照）

　格落ちの額については、公益財団法人日本自動車査定協会に依頼すれば査定書を出してくれる。ただ、その査定内容は裁判上は十分認められないことが多い。自動車の販売会社が出す評価書も、あまり信用性は認められていない。

　格落ちは現実に発生してやむを得ない場合以外は、原則として認めてはならない。

関連問答 「格落ちを認めて当然だ」

|被| 新車に近い車なのに、なぜ格落ちが認められないのか。

|担| 本件では、損傷したバンパーを取替えいたしましたので、時価額の減少はないと思われます。

|被| 「事故車」だと将来の下取りのときに不利になると聞いているが。

|担| 事故前に下取りに出していて事故のために評価が下がったのならともかく、将来の下取りのことは不確実ですから、賠償の対象とすることは無理です。

101 愛着がある車だから慰謝料を払え

被害者側の発言	回答例
この車には特別な思いがある。慰謝料を払ってくれ。	自動車の物損についてのそうしたことは、おそらく特別事情であり、通常生ずる損害の枠外となりますので、お支払できません。

解説 93 の説明のとおりである。

関連問答 「特別部品で手に入らない」

被 事故によって、特別注文のカーステレオが壊れた。もう現在では手に入らないものだから、慰謝料を払ってくれ。

担 お支払できるのは、あくまでも経済的価値だけですので、購入の際の資料をお示しください。

関連問答 「マニアの間では人気がある」

被 事故車は珍しい色の車で、マニアの間では人気があった車種だ。その分を上乗せしてくれ。

担 ① 当社の調査では、事故車の中古車市場での時価額は前回提示のとおりです。

② 賠償の対象となるのは、事故車の中古車市場での一般的な流通価格です。一部のマニアの間でのみ人気があったとしても、これを理由に賠償額の上乗せはできかねます。

102 | 事故の際、腕時計等が壊れた

被害者側の発言	回答例
事故のときしていた時計、指輪が壊れた。補償してくれ。	壊れた現物を示してください。また、その購入時期、金額を明らかにしてください。

解説　真実、事故で破損したものなら、賠償の対象となるが、現物がなければ、損害の証明がない。また、購入金額そのものが損害となるものではなく、あくまで時価が限度となることも言うまでもない。そもそも腕時計などが交通事故で破損するようなことは、腕に大怪我でもしていない限りほとんどあり得ないことで、こうした高額な物品の損傷要求については、とかく不当なものが多いのが実情である。

関連問答　「ゴルフクラブが破損した」

被　事故車のトランクに入れておいたゴルフクラブが破損した。補償してくれ。

担　上の回答例に同じ。

103 休車損害を払え

被害者側の発言	回答例
休車損害を払ってくれ。	① わかりました。損害算定のための資料として、その車の売り上げや経費に関する資料を整理のうえご提出ください。 ② 貴社の場合には、予備車両があるので、休車損害は発生していないと思います。

解説 タクシーやトラックのような営業用車両の場合には、事故のために車が使用できないことによる休車損害が生じる場合がある。その要件は次のとおりである。

① 予備車、代替車が存在しないこと。

② 事故による修理相当期間あるいは買い換えのための相当期間に限ること。

③ 営業利益を算定できる客観的な資料が存在すること。

関連問答 「白ナンバーだが休車損害を払え」

被 白ナンバー車だが、運送業を営んでいた。休車損害を支払え。

担 白ナンバーによる運送業は違法行為ですので、休車損害を認めることはできません。

10　示談について

　事故処理担当者の心構えとしてもっとも大切なことは、正当な補償をすることであるが、事案の具体的処理としては示談の完了が当面の目標である。

　本項では、示談金額決定やその交渉の場において問題となりそうな事例を取り上げる。

　「示談」という用語は広く普及し、ほとんどの被害者が知っているところであるが、ときとしてはその意義について誤った理解をしており、そのために交渉が紛糾していることもなくはない。担当者はそうした被害者の理解度にも配慮してことを運ばねばならない。

104 示談とは

被害者側の発言	回答例
示談とはどういうことか。	示談というのは交通事故による損害賠償のすべての総額を確定してお支払し、これを最終的に解決するものです。

解説 示談には二つの柱がある。

一つは加害者が被害者にあといくら支払するかということであり、もう一つは被害者もそれ以上は一切請求しないということである。法律上は民法695条の和解契約の一種である。

この示談の成立、支払によって、交通事故の損害賠償は一切解決するのである。

なお、物的損害だけ、人的損害だけ、人的損害のうち通常傷害部分だけというように示談する範囲を一部分に限定する場合もある（一部示談）。一部示談の場合は、示談の範囲を明確に定めないと後日の紛争の火種ともなりえるので注意が必要である。

関連問答 「示談をしても、あとで請求する」

被 一応示談はしてもよいが、再度病院にかかるようなことがあったら、その費用は請求する。

担 示談は現時点で予測できるすべての損害の最終的な解決になるものですから、原則として今後の治療費等もお支払できません。よくお考えください。

ただ将来において、現在予測できないような後遺障害が現われたときはその部分については、示談の効力は及ばないので、改めて賠償する場合は別です。

105 示談金額は誰が決めるのか

被害者側の発言	回答例
示談金額は誰が決めるのか、納得できないときはどうすればよいか。	示談金額は原則として当事者双方が話し合って決めます。話合いで解決できないときは、調停などの方法もありますが、最終的には裁判手続により裁判官が双方の主張を聞いて、妥当な額を決定することになります。

解説 わが国は法治国家であるから、当事者間の話合いで解決できないときには、裁判所が法に従って公権的に解決してくれる。

国民はすべてこの裁判所の決定に拘束されるのである。

自分の主張が通らないからといって相手を脅したり、嫌がらせをしたりして従わせることは許されない。被害者といえどもそういうことをする権利はない。

関連問答 「加害者と（保険会社に無断で）示談した」

被 加害者との間では、「○○円を任意保険・共済に直接請求する」という内容の示談をした。払ってくれ。

担 その示談額は、当社は事前には了解しておりません。当社が法律上正当として認める額以上は、お支払できません。

解説 裁判上の和解や判決金でも、保険会社が関与しないものは無条件には支払義務はない。加害者がどうせ保険から出るからと十分な対応をせず、なれ合い的な結果となっていることもあるからである。

どういう内容でいくら払ってくれるのか

被害者側の発言	回答例
いくら払ってくれるのか。どんな項目でどうして計算するのか。	あなたが受けられた損害ですからあなたの方からご請求いただくのが筋ですが、一応私の方の資料で計算できる分は次のとおりです。

解説 損害の内容は本来被害者が一番詳しいはずである。裁判でも損害の請求、立証は被害者側が行わねばならない。

しかし、実務上は普通の被害者はそうした判断ができないことが多いので、保険・共済の方でまず数字を出すこともあるのであろう。ただ、そのときにも本来の筋道だけは一言述べておく必要がある。

関連問答 「示談交渉の代理人へのお礼を払え」

被 示談交渉のための雑費、日当、代理人へのお礼はどうしてくれるのか。

担 そうしたものは、あらかじめ当方が了解し、お支払を約束したものでない限り、通常は示談金には含まれません。

解説 こうした交渉経費は原則として各当事者の負担とするのが常識である。また、弁護士ではない代理人が報酬をもらうのは、非弁活動として弁護士法に触れ、違法となることもある。

ただ、裁判になった場合には、認められた損害の10％程度が被害者側の弁護士費用として認められることが多い。

107　そんな示談金なら示談はしない。もっと通院する

被害者側の発言	回答例
そんな示談金しか出ないのなら示談はしない。 　もっと通院する。内払いを続けてくれ。	通院するかどうかはあなたの自由です。しかし、あなたの症状が治療を要するものかどうか、損害賠償の対象となるかどうかは別の問題です。 　治癒または症状固定しているのに通院を続けられても、休損、慰謝料はもとより、その治療費も賠償はできません。

解説　　一応、治癒もしくは症状固定となったあと最終示談の交渉に入った以上、示談金額に不満があるからといって通院を続けることは意味がない。

　こうした時には、被害者の発言をしっかり記録、確定し、弱腰にならず、資料10文例①などの文書を出し、はっきりと治療費の負担も難しいことを告げるべきである。

　また、こうしたときにはいわゆる債務不存在確認訴訟への移行も検討する必要がある。

関連問答　「あとは加害者に言う」

被　それだけの示談金しか出せないと言うのなら、あとの分は加害者に請求する。

担　当方は、加害者が負担すべき正当な示談金として提示いたしております。加害者にご請求いただいても同じことです。

108 | あの人はこのくらいもらった

被害者側の発言	回答例
あの人はこのくらいもらった。私も同じくらいもらえるはず。	賠償額は事故状況、被害者の受傷内容、その収入などにより個々に認定されるので、他の例にはそれぞれ事情があり同列には論じられません。 　当方は本件について、正当な額を提示させていただいております。

解説　事故の賠償ですべての条件が全く同じケースなどは有り得ないのであるが、一部事情がちがうことを説明すると、あれも同じ、これも同じと持ち出されて際限がなくなる。

　あくまで、本件の個々の内訳に戻って正当な額を提示していることを説明すべきである。

109　現場で加害者が認めた

被害者側の発言	回答例
現場で加害者が全部自分が悪いと認めた。いまさら過失相殺など認められない。	事故の過失割合は、事故状況によって客観的に決まります。 本件事故の過失割合は、当方○％貴方○％と考えます。

解説　交通事故の損害賠償は法定責任といって、事故が発生したその事実に基づいて発生し、その内容は事故状況と発生した損害内容によって決まるのである。

したがって、この賠償手続において関係者がする作業はその真実を発見する手続にすぎず、当事者間で合意（示談）ができない時は、裁判所がその真実を宣言するというシステムである。

本件のように、現場で加害者が自分が全部悪いと認めたとしても、それが真実に合致していなければ、原則として効果はない。

ただし、それが加害者として賠償を過失相殺なくすべて100％支払していく、ということを明白に約束したとすれば、それは部分的な示談（契約）として拘束される。

しかし、多くの場合はそこまでの認識はなく、大きな責任のある方が、自責の念からそうしたことを言うのが常であり、契約としての効力が認められる例はほとんどない。

ただ、こうした発言があると、過失割合の認定に当たって不利に働くことは避けられない。

関連問答　「現場で加害者が約束した」

被　① 現場で加害者が新車にすると約束した。

　② 現場で加害者が休業補償として月100万の支払を約束した。

担　加害者の発言は、「法律上正当な補償をする」という以上の法的拘束力をもつものではないと考えます。月100万円の休業補償もそれを真実と信じて発言されたものですから、その立証がなければ、お支払できないことは当然です。お支払できるのは、あくまで法律上正当な範囲であり、本件では……です。

解説　いずれも同趣旨のことである。加害者がすべての情報を得たうえで、その実行を約束したのであれば示談としての拘束力が発生するが、ほとんどの場合、そこまでの状況は存在しない。

110 少額訴訟を起こすぞ

被害者側の発言	回答例
少額訴訟を起こすぞ。	手続をおとりいただくことはご自由です。当方も専門家と相談して対応します。

解説　少額訴訟とは、請求額60万円以下の民事裁判について、簡易裁判所において原則として1回の審理で終了させることを目的とした制度である。

事実関係、証拠がはっきりしている簡明な事件の時は、この手続は有効であるが、交通事故はたとえ金額はわずかでも事故状況、過失割合、治療期間、休業補償（所得）など結構複雑な問題を含んでいることが多い。

またこの手続は、訴えられた側が少額訴訟を拒否して、通常の手続に変更させる権利も留保されている。

したがって、交通事故において少額訴訟を提起された時は、その内容を検討して、少額訴訟でいくか、通常訴訟に進むかの選択が必要であり、うかつに「はい、少額訴訟で解決しましょう」というわけにはいかないのである。

また、車両保険も弁護士費用特約もない場合の契約者の物的損害などについて、相手方との話合いがまとまらない時、担当者が契約者にこの少額訴訟を勧めていることがある。

しかし、少額訴訟は手続が簡単とはいえ裁判手続である。

場合によっては、相手方が拒否して普通の裁判となり契約者が困り、担当者に泣きついてくることになることもあるし、結果が思わしくないこともある。

そうした時に、担当者は契約のない部分にどこまでの関与ができるのか大きな問題となるので、そうした勧めは慎重にした方がよい。

111 自賠責の金と示談金とは関係ない

被害者側の発言	回答例
自賠責は被害者保護の保険だから、そこから出たお金は示談金とは関係がないはずだ。	自賠責保険・共済は、任意保険・共済と同様、契約者の払う掛金により運用されており、その支払金を損害額から差し引いて示談金を算定します。法律もそう定めています。

解説　自賠責保険は、確かに被害者保護のために自動車に強制的につけられる保険ではあるが、その保険料（掛け金）は契約者が支払っているものであるから、そこからの支払金はすべて加害者の弁済の一部として扱われるのは当然である。自賠法16条3項は、被害者に対する損害賠償金（被害者請求に対する支払金）は、自賠責の保険契約者または被保険者の悪意によって損害が生じた場合を除き、責任保険の契約に基づき被保険者に対して損害をてん補したものとみなすとされている。

関連問答　「なぜ労災給付分を引くのか」

被　なぜ労災から出たお金も引いてあるのか。

担　この事故による損害を填補するために出されたお金は、すべて、控除の対象となります。労災保険からは、加害者側に対して求償がなされます。なお、特別支給金に関しては、損害をてん補するためというより、労働者の福祉のために支払われているものですので、控除の対象とはなりません。

関連問答　「搭乗者傷害保険金は」

被　この間もらった搭乗者傷害保険金も引かれるのか。

担　そのまま差し引くことはありません。ただ、当方契約車両の保険から出た搭乗者傷害保険は加害者が掛けていた保険から出たお金ということで、慰謝料の算定の際に若干考慮しております。

112　示談後、後遺障害が出たらどうなるか

被害者側の発言	回答例
示談したあと後遺障害が出たらどうなるか。	今しようとする示談は、今のあなたの状態を前提として行います。したがって将来万一不幸にして現在予測されないような新たな障害が出たときには、今回の事故によるものである限り、この示談とは関係なく改めて話合いをさせていただき正当な補償をいたします。

解説　この理は、最高裁判所の判例である。相手方が示談書への記入を求めたときは次の文言を用いる。

　「将来本件事故による予期しない後遺障害が判明したときには、改めて適正な補償をなす」

関連問答　「納得できるまで加害者に要求する」

被　俺は納得できる金額を払ってくれるまで示談しない、加害者に毎日でも要求する。

担　当方は、この金額が正当と信じています。あなたの主張される額がどうしても正当だと思われるのなら、裁判手続をとられて裁判所の公正な判断を求められるべきではないでしょうか。

　あなたがその道をとられず、加害者のほうにのみその要求を続けられるとすれば、当方から裁判所に手続をとって裁判所の判断を求めなければならないことになります。

解説　原則は107で述べたとおりである。

　被害者が無法な要求を続けるときは、加害者のほうから被害者を相手どって裁判を起こし、裁判所の公正な判断を求めることも可能である（債務不存在確認訴訟）。

113 過失相殺とはどういうことで、誰が決めるのか

被害者側の発言	回答例
過失相殺とはどういうことか。 どのように計算するのか。 その基準は誰が決めるのか。	事故の発生について被害者側にも落ち度のあるときには、その損害をその落ち度の割合に応じて被害者にも負担してもらわねばなりません。 　もし、加害者７、被害者３という割合なら、加害者は事故による全損害（治療費も含みます）の７割を負担し、残り３割は被害者の負担となります。 　この過失相殺の割合は多くの裁判例に基づきおおよその基準ができています。

解説　　自動車事故による被害者はとかく保険・共済により何もかも払ってもらえると考えがちである。この過失相殺の考え方は、事故発生後できるだけ早い時期に被害者側の関係者に説明し、理解を求めておく必要がある。

特に、過失相殺には原則として治療費もその対象となることの説明が肝要である。なお、過失相殺率の基準については『別冊判例タイムズ38号』による基準が実務をリードしている。

関連問答　「治療費は過失相殺するな」

被　休損など、こちらの手元に入るお金はともかくとして、病院に払う治療費まで過失相殺するのはおかしい。

担　過失相殺は、公平の観点から認められるもので、法律上すべての損害が対象となります。治療費については、健保に切り替えていただければ、あなたのご負担は小さくなります。

114　こちらは優先道路を走っていた。過失はない

被害者側の発言	回答例
こちらは優先道路を走っていた。過失はない。	優先道路は事実ですが、現場は見通しが悪く、双方徐行義務がありますので、優先道路側にも若干の過失は避けられません。

解説　こうしたケースでは『別冊判例タイムズ38号』の表を示すのが効果的で簡易である。

　なお、見通しが良いときには、お互いよく見えるのであるから、お互い相手車の動向に注意する義務があり、結局同じこととなる。

関連問答　「こちらは直進していたから悪くない」

被　こちらが交差点を直進していたら、相手が右折してきたのだから相手が悪い。

担　直進車に優先権はありますが、交差点では対向車、右折車などの動向に注意する義務があります。直進車にも若干の過失は避けられません。

115 過失割合を協定しよう

被害者側の発言	回答例
過失割合を協定しよう。	警察の捜査結果、裁判の記録などが手に入っていませんから、最終的な正しい結論は出せませんので、最終協定はできません。必要な内払いは妥当な範囲で行いますので、過失割合の決定は示談のときにさせてください。

解説 資料不十分なままこうした交渉のみをすると、とかく加害者側は譲歩せざるを得ない。仮の協定でも、応じるべきではない。すべて、後日の精算を前提とした内払いで対応すべきである。示談のときなら、その他の諸条件との兼ね合いもあり、柔軟に解決できる。

関連問答 「被害者も譲歩するのだから協定しよう」

被 （代理人の発言）本人は無過失を主張しているが、10％なら自分が話をつけてやる。それでどうだ。

担 まだ事故調査が完了しておりませんので、協定はいたしかねます。ただ、現時点の資料の範囲では、被害者過失20〜30％と判断しております。

関連問答 「過失割合が決まるのに時間がかかり過ぎる」

被 警察の捜査結果が出るまで過失割合が決まらないというのでは、被害者保護に欠ける。加害者側が譲歩せよ。

担 物損につきましては、早期解決の必要性はありますので、被害者過失10％まで譲歩させていただきます。ただし、これが人身事故の示談を約束するものではない旨、示談書に記入させていただきます。

解説 ただし、こうした譲歩は但し書きをつけても、後の人身事故の示談に悪影響を及ぼすので、あまりしない方がよい。むしろ過失割合は明示しないで金額だけの表示がよい。

116 仮示談してくれ

被害者側の発言	回答例
仮示談をしてくれ。	どんな内容の仮示談ですか。

解説　示談というのは、最終解決のこと（**104** 参照）であり、仮示談というのは言葉の矛盾である。

　ただ、幼児の骨折などで成長を待たないと影響が確定できないような時は、そのことだけを残して仮示談をすることもある。

　また、刑事裁判などのため、「示談書」としては法的に意味はないのだが、一応仮示談書を作ることもないではない。相手の意向をよく聞いて、対処すべきである。

関連問答　「中間示談をしよう」

被　過失割合に関してだけ、中間示談をしよう。
担　**115**（過失割合の協定）を参照。

117　相当因果関係とは

被害者側の発言	回答例
相当因果関係とは、どういうことか。	事故による補償は、事故に関係して発生した損害のすべてに及ぶものではなく、事故によって「通常生ずると考えられるもの」に限られ、非常に特殊な特別事情によるものは賠償の対象にはなりません。

解説　事故が発生すると、その影響は各方面に果てしなく拡がる。

しかし、加害者の賠償責任は、相当因果関係の範囲、つまり原則として直接の被害者に生じた損害で、そうした事故により通常生ずると考えられる損害に限られる。

俗にいう「風が吹けば、桶屋がもうかる」というところまでは及ばないのである。

この相当因果関係の範囲をはずれたものは、特別損害として、特に加害者が予めそのことを予期していた時以外は、賠償の対象とはならない。

具体的には、先に説明した企業損害 81 などである。

118 好意同乗とは

被害者側の発言	回答例
好意同乗とは、どういうことか。	友人や知人の関係から無償で他人の車に同乗しておられたときにその運転者のミスで事故となったとき、まったくの他人の事故と同様に扱うことは妥当ではありませんので、その事情に応じて賠償金が一般の場合より減額される場合があります。 これが好意同乗による減額というものです。

解説 減額の割合は、単に慰謝料の減額から、全損害を割合的に減額するものまであるが、飲酒、無免許運転や高速運転、過労（居眠り）運転などを容認していたようなときには有責的な好意同乗として30〜50％程度の高率の減額となることもある。

関連問答 「同乗過失とは何か」

被 自分は同乗していただけで、運転に過失はない。同乗過失とは何か。

担 飲酒や無免許の運転者の車に同乗しておられたり、無謀、危険な運転を制止されずに事故となられたときは、同乗者にも過失があるとして、相応の過失相殺がなされます。

解説 車を運転していなくても、同乗者にも常識的にみて危険防止などの義務があったようなときには、過失相殺が適用される。

飲酒運転の同乗などはかなり高率（30〜50％）の減額が適用されるのが普通である。

シートベルト非着用も同乗過失の一類型である。

119 素因減額とは何か

被害者側の発言	回答例
素因減額とはなにか。	被害者の方に既往障害などの病的な素因があり、そのため治療が長引いたりして損害が拡大すれば、その分は減額されます。

解説　被害者の病的な素因（後縦靭帯骨化症など）や既往の後遺障害のため、損害が拡大したときには、その全部を加害者に負担させるのは公平ではないので減額される。これが素因減額である。

　しかし、加齢や通常の身体的特徴（やせているか、太っているかなど）による損害の拡大は、原則として減額の対象にはならない。

関連問答　「事故以前には症状はなかった」

被　既往症と言っても事故以前には症状はなく、普通に生活していたのだから、全額を払ってくれ。

担　当方の医療調査によれば、事故前はさしたる症状は出ておられなくても、あなたには既往症があり、そのために治療が長引いたことが認められます。減額は相当と考えます。

120 逸失利益を定期金で賠償してくれ

被害者側の発言	回答例
逸失利益を月々の給料のような形で払って欲しい。	確かに裁判例では、ご主張の賠償方法も認められていますが、ご主張のように長期にわたって支払続けることを示談でお約束することはできません。裁判手続きにより、ご主張ください。

解説　最高裁令和2年7月9日判決では、事故当時4歳の少年が後遺障害3級3号（神経系統の障害により終身労務に服することができないもの）に該当する高次脳機能障害の後遺障害を残した事例において、「不法行為に基づく損害賠償制度は、被害者に生じた現実の損害を金銭的に評価し、加害者にこれを賠償させることにより、被害者が被った不利益を補填して、不法行為がなかったときの状態に回復させることを目的とするものであり、また、損害の公平な分担を図ることをその理念とするところである。このような目的及び理念に照らすと、交通事故に起因する後遺障害による逸失利益という損害につき、将来において取得すべき利益の喪失が現実化する都度これに対応する時期にその利益に対応する定期金の支払をさせるとともに、上記かい離が生ずる場合には民訴法117条によりその是正を図ることができるようにすることが相当と認められる場合があるというべきである。」と判示し、18歳から67歳まで49年間、逸失利益としては各月353,120円（全労働者の平均賃金441,400円に過失相殺して20％減額したもの）の支払を命じた原審の判決を是認した。

　被害者のこうした請求は、場合によっては適正と言えるが、担当者としてこれを約束することは困難である。残念ではあるが、現時点では訴訟による解決に委ねるのが相当である。

関連問答 「一生面倒を見てくれ」

被
担

一生寝たきりなので、一生面倒を見てくれ。

一生面倒を見るという意味ははっきりしませんが、裁判では定期金賠償という方法も認められています。裁判手続きによりご主張下さい。

解説 上記の通り、定期金賠償も求められるが、担当者レベルでは対応しきれない。

なお、介護費用に関して定期金賠償とした場合、被害者が死亡すれば賠償義務はなくなるが、逸失利益は事故時に確定するとの理論からすれば、逸失利益については被害者が死亡しても継続することに注意が必要である。

第Ⅲ編　資料

(1) 概要

　交通事故により被害者を死傷させた者は、「自動車の運転により人を死傷させる行為等の処罰に関する法律」（自動車運転死傷処罰法）（平成25年11月20日成立、平成26年5月20日施行）により以下の通り刑事責任を問われる可能性がある。同法施行前は、旧刑法211条第2項に自動車運転過失致死傷罪、同208条の2に危険運転致死傷罪が定められていたが、無免許運転や危険な持病に起因する事故などについて危険運転致死傷罪が適用できない等の理由から、新たに自動車運転死傷処罰法が制定され、交通事故に関する刑事処罰は刑法から切り離されることとなった。

　まず、同法第5条は、次のように定めている。

過失運転致死傷罪

（自動車運転死傷処罰法5条）

　自動車の運転上必要な注意を怠り、よって人を死傷させた者は、7年以下の懲役若しくは禁錮又は100万円以下の罰金に処する。ただし、その傷害が軽いときは、情状により、その刑を免除することができる。

　また、同法第2条では、旧刑法208条の2の危険運転致死傷罪から適用範囲を拡大する形で、一定の悪質または無謀な態様による事故に厳罰を科すこととしている。令和2年改正では、あおり運転に関する類型が追加された。

危険運転致死傷罪

（自動車運転死傷処罰法2条）

　次に掲げる行為を行い、よって、人を負傷させた者は15年以下の懲役に処し、人を死亡させた者は1年以上の有期懲役に処する。

　1　アルコール又は薬物の影響により正常な運転が困難な状態で自動車を走行させる行為

　2　その進行を制御することが困難な高速度で自動車を走行させる行為

　3　その進行を制御する技能を有しないで自動車を走行させる行為

　4　人又は車の通行を妨害する目的で、走行中の自動車の直前に進入し、その他通行中の人又は車に著しく接近し、かつ、重大な交通の危険を生じさせる速度で自動車を運転する行為

　5　車の通行を妨害する目的で、走行中の車（重大な交通の危険が生じ

ることとなる速度で走行中のものに限る。）の前方で停止し、その他
これに著しく接近することとなる方法で自動車を運転する行為

6　高速自動車国道（高速自動車国道法（昭和32年法律第79号）第4
条第1項に規定する道路をいう。）又は自動車専用道路（道路法（昭
和27年法律第180号）第48条の4に規定する自動車専用道路をいう。）
において、自動車の通行を妨害する目的で、走行中の自動車の前方で
停止し、その他これに著しく接近することとなる方法で自動車を運転
することにより、走行中の自動車に停止又は徐行（自動車が直ちに停
止することができるような速度で進行することをいう。）をさせる行
為

7　赤色信号又はこれに相当する信号を殊更に無視し、かつ、重大な交
通の危険を生じさせる速度で自動車を運転する行為

8　通行禁止道路（道路標識若しくは道路標示により、又はその他法令
の規定により自動車の通行が禁止されている道路又はその部分であっ
て、これを通行することが人又は車に交通の危険を生じさせるものと
して政令で定めるものをいう。）を進行し、かつ、重大な交通の危険
を生じさせる速度で自動車を運転する行為

　以上をまとめると、車を運転して人を死傷させた場合には、通常は7年以
下の懲役若しくは禁固、または100万円以下の罰金に処せられるが、危険運
転により人に怪我を負わせた場合には最高で15年、人を死亡させた場合には
最高で20年（併合罪加重がされない場合の有期刑の最高刑）の懲役に処せら
れることになる。

　法定刑の範囲は以上の通りであるが、現実の刑事処分の運用にはかなりの
幅があるので、これを重い順に列挙すると、およそ次の通りである。

① 懲役若しくは禁錮の実刑
　現実に刑務所に収容される極めて重い処分である。懲役と禁錮の相違は、
前者には刑務作業が課せられる点にある。過失の態様が悪質であったり、飲
酒、ひき逃げなどの道交法違反が併合されている場合には、懲役刑が選択さ
れることが多い。
　刑期は、通常の過失運転致死傷罪の場合には、1か月から7年の範囲であ
るが、危険運転致死傷罪の場合には、前記のとおり加重されており、しかも
懲役刑のみとなっている。

② 懲役若しくは禁錮の執行猶予

　1か月から3年の範囲の懲役または禁錮刑の場合は、執行猶予が認められた時には、現実の執行（刑務所への収容）は1年ないし5年間猶予され、その間、再犯などがなく、その猶予期間が満了すれば、先の懲役・禁錮の言渡しは効力を失い、刑務所には行かなくてすむというものである。

　一般の民間人の場合、このケースに当てはまれば致命的な結果とはならないが、公務員や一定の公的な資格を有している者にとっては、法律上、懲役・禁錮の刑の宣告を受けたこと自体が失格事由となり、職を失うことがある。

　だから、そういう人の場合、事件がまだ検察官の手元にあり、正式に起訴されて裁判所から起訴状が送られるより以前の段階で、必要な手を打って、略式命令による罰金刑で終わるよう、最大限の努力をする必要がある。

③ 罰金刑

　1万円以上100万円以下の罰金をとられる刑罰である。軽い追突事故や交差点における出会い頭事故など、普通、交通事故の刑事処分として、最も多いものである。正式には裁判所で公判が開かれて処分が決められるのだが、被告人（加害者）に異論のないときは、簡単な書面審理で罰金刑が言い渡される。これを略式命令と呼ぶ。

　なお、この刑罰としての罰金は、普通の交通違反に伴う反則金とはまったく性質が異なり、前者は、刑罰として裁判所が定めるものだが、後者は、行政処分として警察（公安委員会）が定めるものである。

④ 罰金刑の執行猶予

　前述②で述べたように、懲役・禁錮刑の執行が猶予されることがあるのと同様、罰金刑についてもその執行が猶予されることは、制度上は可能だが、実務上、ほとんど用いられていない。

⑤ 刑の免除

　平成13年の刑法改正で211条2項但書として追加され、自動車運転死傷処罰法5条但書にのみ引き継がれ、刑法211条2項但書は削除された。傷害が軽く、かつ情状がいい場合に限られる。実際の運用については未だに明らかではないが、該当するケースの多くは後述の不起訴処分（起訴猶予）により、既に救済されているのではないかと思われる。

⑥ 不起訴

　事故が発生しても、加害者に刑事責任を問うほどの過失があったか否かハ

ッキリしないときや、過失があったとしても軽微であり、被害者の負傷もさしたるものではなく、一応、前記自動車運転死傷処罰法5条の要件を満たしていても、刑事責任を問うほどのことではないとみられる場合には、検察官の裁量により不起訴とされ、刑事処分を受けないですむことがある。

　ただ、これに被害者が不服のときは、その申立てによって検察審査会が検討し、不起訴が不当だということになると、検察官はこの不起訴処分を再検討し、場合によっては起訴が強制させられることになっている。

(2)　量刑

　先述のように、交通事故の加害者に科せられる刑罰の幅は、極めて広く、危険運転致死傷罪においては懲役1年から20年もの幅である。具体的ケースにおいて、どの程度の刑罰が科せられるかということを「量刑」というが、それは事故の「情状」に応じて、裁判官（罰金を前提として略式命令の申立てですませるか、不起訴とするか、の場合は、検察官）の裁量に任されている。

　言うまでもなく、情状のよい者の刑は軽く、悪い者の刑は重くなるが、この情状の判断材料には、およそ次のようなことが重視される。

①　過失の種類・内容

　事故の原因となった過失が、加害者の一方的なものか否か、およびその内容が信号無視やスピード違反、あるいは飲酒、ひき逃げなどを伴う悪質なものか否か、などである。

　量刑が、加害者の刑事責任を問うものである以上、その原因となった過失の質は、最も重視されるところである。

②　結果（被害）の程度

　被害者の人数やその負傷内容である。言うまでもなく、死亡が最も重大であり、被害者の数が多いのも、刑を重くする要因となる。

③　被害の回復（示談と弁済）

　刑事犯罪の処分については、その犯罪による被害がその後回復されたか否かも、かなり重視される。交通事故においては、通常、示談によってこの被害回復がはかられるので、この示談の成否は、その内容が量刑にかなりの影響を及ぼす。

　この場合、保険金のみによる示談より、加害者がそれなりの自己負担をして、誠意をつくした示談の方が有効である。

そのため、実刑か否か、きわどいケースにおいて示談するときには、このことを十分考えておく必要がある。

④　被害者の宥恕(ゆうじょ)

　被害者が加害者を宥恕しているか否か、つまり、被害者が加害者の処罰を望んでいるか否かも、量刑においては、かなり重要な点である。これは実務上「嘆願書」の提出という形でなされる。

　嘆願書とは、被害者が加害者の処罰を望まない、あるいは寛大な処分を望むという意思の表明で、通常は示談とともになされることが多いが、特別の事情がある場合には、示談が成立していなくても、嘆願書だけが出されることもある。

⑤　加害者の前歴

　交通事故においては、加害者の運転歴、違反歴、事故歴がかなり重視される。

　永年、運転に従事してきて、無事故・無違反であれば、日頃、慎重な運転をしていたのに、今回に限って、一瞬の不注意が不幸な事故になったものとしてみてもらえるが、前歴が多いと、逆に、日頃から無理な運転を重ねてきた当然の結果として、事故を起こしたものと、厳しくみられる。

⑥　加害者の環境

　加害者の年齢、性別、社会・家庭における立場、環境も、量刑の材料となる。

　例えば、一家の主であり、善良な社会人として働いていた人が、仕事中あるいは通勤途中などに事故を起こした場合と、さしたる定職もない独身者が、遊興中に事故を起こした場合とでは、その非難の程度には相当に差があろう。

⑦　反省（再犯の可能性）

　加害者が事故を深く反省し、被害者に十分謝罪をし、再犯防止のために深い省察を加えている場合、それはよい情状となるが、反対の場合は、悪い情状と評価される。

　以上、交通事故刑事裁判において、量刑事情として、実務上、考慮されるものを例示したが、おおまかな基準で言えば、一方的過失で被害者を死亡させた場合、実刑の可能性があり、そこに飲酒などの悪質性が加われば、実刑を免れることは容易ではない。近時は、厳罰を求める社会情勢もあって、交通事故の量刑は格段に重くなってきている傾向がある。

216

資料2　行政処分の概要

　交通違反を犯したり、交通事故を起こしたりすると公安委員会により免許の停止、取消しの処分を受ける。各種の違反、事故はその内容ごとに基礎点数および付加点数が定められており、処分はこの基礎点数等の過去3年分の合計である累計点数を基準としてなされる。ただし、過去3年以内といえども、その間に1年以上の無違反期間または違反行為を理由として免許停止の処分を受け、その処分期間を無違反で経過したことがある場合は、各それ以前の違反点数は累積計算されない（道路交通法施行令33条の2）。各違反ごとの基礎点数、付加点数は218頁表4、219頁の表のとおりである。

　累積点数と処分内容の関係については、令和2年に道路交通法施行令が改正され（同年6月30日施行）、一般の違反行為については下の表1の基準によるが、運転殺人等・運転傷害等（故意による自動車事故の致死傷）、危険運転致死傷、酒酔い運転、ひき逃げなど、悪質・危険な「特定違反行為」を犯した場合は、表2の基準による。

道路交通法103条、同法施行令38条による基準

表1　一般違反行為に係る行政処分と累積点数の区分（施行令・別表第3の1）

過去3年以内の停止処分等の回数	免許の取消・拒否（欠格期間）					免許の停止（保留）
	欠格期間5年	欠格期間4年	欠格期間3年	欠格期間2年	欠格期間1年	
前歴なし	45点以上	40〜44点	35〜39点	25〜34点	15〜24点	6〜14点
1回	40点以上	35〜39点	30〜34点	20〜29点	10〜19点	4〜9点
2回	35点以上	30〜34点	25〜29点	15〜24点	5〜14点	2〜4点
3回以上	30点以上	25〜29点	20〜24点	10〜19点	4〜9点	2又は3点

※過去5年以内の免許取消歴等保有者の場合は欠格期間は4年・3年が5年、2年が4年、1年が3年に延長される。

表2　特定違反行為に係る行政処分と累積点数の区分（施行令・別表第3の2）

過去3年以内の停止処分等の回数	免許の取消・拒否・運転禁止（欠格期間）							
	欠格期間10年	欠格期間9年	欠格期間8年	欠格期間7年	欠格期間6年	欠格期間5年	欠格期間4年	欠格期間3年
前歴なし	70点以上	65〜69点	60〜64点	55〜59点	50〜54点	45〜49点	40〜44点	35〜39点
1回	65点以上	60〜64点	55〜59点	50〜54点	45〜49点	40〜44点	35〜39点	
2回	60点以上	55〜59点	50〜54点	45〜49点	40〜44点	35〜39点		
3回以上	55点以上	50〜54点	45〜49点	40〜44点	35〜39点			

※過去5年以内の免許取消歴等保有者の場合、欠格期間9年・8年が10年、7年が9年、6年が8年、5年が7年、4年が6年、3年が5年に延長される。
※道路以外の場所で故意に交通事故を起こして死傷させた場合や、自ら運転しなくても他の運転者を唆して重大な違反行為をさせた場合も運転免許の取消処分が行われる。

なお、免許停止の基準は表3のとおりである（「「運転免許の効力の停止等の処分量定基準」の改正について」令和元年10月11日付警察庁丙運発第24号）。

ここにいう前歴とは違反行為をした日を起算日とする過去3年以内に、違反行為を理由とする免許の停止処分等を受けたことが前歴とされる。

ただし、停止処分を受けた日から起算して1年間、違反行為をしないで経過したときは、その1年以上前の前歴はなかったものとして扱われることになる。したがって、処分前歴のある者でも、1年間無違反、無処分で経過すると、前歴のないものと同様の扱いを受けることになる（道路交通法施行令別表第三、備考）。

なお、この基準は画一的に運用されるのではなく、特別な事情がある時には軽減されることがある（「運転免許の効力の停止等の処分量定の特例及び軽減の基準について（通達）」令和元年10月11日付警察庁丁運発第128号）。その内容については、運転免許研究会編「点数制度の実務」（8訂版、啓正社、平成29年7月20日刊）に詳しい。警察庁の訓令・通達のホームページも参照されたい（https://www.npa.go.jp/laws/notification/index.html）。

表3　免許停止の基準

前歴の有無および回数		累積点数	処分期間
前歴なし		6点～8点	30日
		9点～11点	60日
		12点～14点	90日
前歴1回		4点・5点	60日
		6点・7点	90日
		8点・9点	120日
前歴2回以上	2回	2点	90日
		3点	120日
		4点	150日
	3回	2点	120日
		3点	150日
	4回以上	2点	150日
		3点	180日

表4　交通事故の場合の付加点数

交通事故の種別	責任の種別	点数
死亡事故	重	20点
	軽	13点
傷害事故（治療期間3か月以上等）	重	13点
	軽	9点
傷害事故（治療期間30日以上3か月未満）	重	9点
	軽	6点
傷害事故（治療期間15日以上30日未満）	重	6点
	軽	4点
傷害事故（治療期間15日未満）建造物損壊事故	重	3点
	軽	2点

※措置義務違反（あて逃げ）の場合は付加点数として5点を加える
（道路交通法施行令別表第2の3）

●行政処分点数と反則金の一覧（令和３年３月１日現在）

（反則金額の単位は千円）

交通違反の種類	点数	酒気帯び等点数（0.25mg/ℓ未満）	大型車	普通車	二輪車	原付車
運転傷害等　運転傷害等　運転殺人等	62					
治療期間３か月以上又は後遺障害	55					
治療期間30日以上３か月未満	51					
治療期間15日以上30日未満	48					
治療期間15日未満又は建造物損壊	45					
危険運転致傷等　危険運転致死	62					
治療期間３か月以上又は後遺障害	55					
治療期間30日以上３か月未満	51					
治療期間15日以上30日未満	48					
治療期間１５日未満	45					
酒酔い運転	35					
麻薬等運転	35					
妨害運転　著しい交通の危険	35					
妨害運転　交通の危険のおそれ	25					
救護義務違反	35					
酒気帯び運転（呼気1ℓあたりアルコール濃度）　0.25mg/ℓ以上	25					
0.15mg/ℓ以上0.25mg/ℓ未満	13					
過労運転等	25					
共同危険行為等禁止違反	25					
無免許運転	25					
大型自動車等無資格運転	12	19				
仮免許運転違反	12	16				
無車検運行	6	16				
無保険運行	6	16				
速度超過　一般　50km以上	12	19				
30km以上50km未満	6	16				
高速道路　40km以上50km未満	6	16				
35km以上40km未満	3	15	40	35	30	20
30km以上35km未満	3	15	30	25	20	15
25km以上30km未満	3	15	25	18	15	12
20km以上25km未満	2	14	20	15	12	10
15km以上20km未満	1	14	15	12	9	7
15km未満	1	14	12	9	7	6
警察官現場指示違反	2	14				
警察官通行禁止制限違反	2	14				
信号無視　赤色等	2	14	12	9	7	6
信号無視　点滅	2	14	9	7	6	5
通行禁止違反	2	14	9	7	6	5
歩行者用道路徐行違反	2	14	9	7	6	5
通行区分違反	2	14	9	7	6	5
歩行者側方安全間隔不保持等	2	14	9	7	6	5
急ブレーキ禁止違反	2	14	9	7	6	5
法定横断等禁止違反	2	14	9	7	6	5
高速自動車国道等車間距離不保持	2	14	9	7	6	
追越し違反	2	14	9	7	6	5
路面電車後方不停止等	2	14	9	7	6	5
踏切不停止等	2	14	9	7	6	5
しゃ断踏切立入り	2	14	15	12	9	7
優先道路通行車妨害等	2	14		7	6	5
交差点安全進行義務違反	2	14	9	7	6	5
環状交差点安全進行義務違反	2	14	9	7	6	5
環状交差点通行車妨害等	2	14		7	6	5
横断歩行者等妨害等	2	14	9	7	6	5
指定場所一時不停止等	2	14	9	7	6	5
放置駐車違反　駐停車禁止場所等	3		25	18	10	10 ☆
放置駐車違反　駐車禁止場所等	2		21	15	9	7 ☆
駐停車違反　駐停車禁止場所等	2		15	12	7	6 ☆
駐停車違反　駐車禁止場所等	1		14	10	6	5 ☆
積載物重量制限超過　10割以上　大型	6	16				
普通・二輪・原付	3	15		35	30	25
5割以上10割未満　大型	4	16	40			
普通・二輪・原付	3	15		30	25	20
5割未満　大型	2	14	30			
普通・二輪・原付	2	14		25	20	15
整備不良　制動装置等	2	14		9	7	6 ●
整備不良　尾灯等	1	14		7	6	5
携帯電話使用等　交通の危険	6	16				
携帯電話使用等　保持	1	14	25	18	15	12

交通違反の種類	点数	酒気帯び等点数（0.25mg/ℓ未満）	大型車	普通車	二輪車	原付車	
安全運転義務違反	2	14	12	9	7	6	
自動運行装置使用条件違反	2	14	12	9	7	6	○
作動状態記録装置不備	2	14	12	9	7	6	▲
幼児等通行妨害	2	14	9	7	6	5	
安全地帯徐行違反	2	14		7	6	5	
騒音運転等	2	14		7	6	5	
消音器不備	2	14			6	5	
大型自動二輪車等乗車方法違反	2	14			12		
高速自動車国道等措置命令違反	2	14					
本線車道横断等禁止違反	2	14	12	9	7		
高速自動車国道等運転者遵守事項違反	2	14	12	9	7		
免許条件等違反	2	14	9	7	6	5	
番号標表示義務違反	2	14					
保管場所法違反　道路使用	3						
保管場所法違反　長時間駐車	2						
混雑緩和措置命令違反	2						
通行許可条件違反	1	14	6	4	4	3	
通行帯違反	1	14		7	6	5	
路線バス等優先通行帯違反	1	14		7	6	5	★
軌道敷内違反	1	14	6	4	4	3	
道路外出右左折方法違反	1	14	6	4	4	3	
道路外出右左折合図車妨害	1	14			6	5	
指定横断等禁止違反	1	14		7	6	5	
車間距離不保持	1(2)	14	7(12)	6(9)	6(7)	5(6)	
進路変更禁止違反	1	14		7	6	5	
追い付かれた車両の義務違反	1	14		7	6	5	
乗合自動車発進妨害	1	14		7	6	5	
割り込み等	1	14		7	6	5	
交差点右左折方法違反	1	14		7	6	5	
環状交差点左折等方法違反	1	14		7	6	5	
交差点右左折等合図車妨害	1	14		7	6	5	
指定通行区分違反	1	14		7	6	5	
交差点優先車妨害	1	14		7	6	5	
緊急車妨害等	1	14		7	6	5	
交差点等進入禁止違反	1	14		7	6	5	
無灯火	1	14		7	6	5	
減光等義務違反	1	14			6	5	
合図不履行	1	14			6	5	
警音器吹鳴義務違反	1	14			6	5	
乗車積載方法違反	1	14		7	6	5	
定員外乗車	1	14		7	6	5	
積載物大きさ制限超過	1	14		7	6	5	
積載方法制限超過	1	14		7	6	5	
制限外許可条件違反	1	14		7	6	5	★
原付けん引違反	1	14		7	6	5	※
転落等防止措置義務違反	1	14		7	6	5	
転落積載物等危険防止措置義務違反	1	14		7	6	5	
安全不確認ドア開放等	1	14		7	6	5	
停止措置義務違反	1	14		7	6	5	
初心運転者等保護義務違反	1	14		7	6	5	★
座席ベルト装着義務違反	1						
幼児用補助装置使用義務違反	1						
乗車用ヘルメット着用義務違反	1						
聴覚障害者標識表示義務違反	1	14	6	4			
最低速度違反	1	14		6	5		
本線車道通行車妨害	1	14		6	5		
本線車道緊急車妨害	1	14		6	5		
けん引自動車本線車道通行帯違反	1	14		6	5		
本線車道出入方法違反	1	14		6	5		
故障車両表示義務違反	1	14		6	5		
仮免許練習標識表示義務違反	1	14		6	5		
泥はね運転				7	6	5	
公安委員会遵守事項違反				6	5		
運行記録計不備				6	4		
警音器使用制限違反			3	3	3	3	

（注1）大型車と大型自動車、中型車と中型自動車、準中型車と準中型自動車、大型特殊自動車、トロリーバス及び路面電車、普通車とは普通自動車、二輪車とは大型自動二輪車及び普通自動二輪車、原付車とは、小型特殊自動車及び原動機付自転車をいいます。

（注2）違反をした場合に呼気中アルコール濃度0.15mg/ℓ以上0.25mg/ℓ未満の酒気を帯びていたときは、「酒気帯び運転（0.25mg/ℓ未満）」となります。

（注3）高速運転者専用駐車場における高速運転者等標章自動車以外の車両による放置駐車違反及び駐停車違反については、反則金額（上記☆印の箇所）に、2,000 円加えた金額になります。

（注4）「自動運行装置に係る整備不良運転」については「制動装置等」に含まれます（●印）。

（注5）使用条件を満たさない自動運行装置を使用する運転が禁止されます（○印）。

（注6）自動運行装置を備える自動車について、作動状態記録装置により必要な情報を正確に記録することができない整備不良運転をいいます（▲印）。

（注7）反則金額欄中の★印は小特のみ反則金なし。※印は原付のみ。

（注8）「車間距離不保持」の欄の（）内の数は、高速道路関係の点数および反則金の額です。

（注9）「初心運転者標識表示義務違反」は、準中型免許（当該免許取得前に2年以上普通免許を受けていた者を除く）又は普通免許を受けていた期間が1年に達しない者のみの点数となります。また、同欄の「大型車」は、準中型免許を受けていた期間が1年に達しない者（当該免許取得前に2年以上普通免許を受けていた者を除く）のみに適用されます。

（注10）「聴覚障害者標識表示義務違反」は、準中型免許、普通自動車のみの点数となります。また、同欄の「大型車」は、準中型自動車のみに適用されます。

資料3 後遺障害等級表 （付・労働能力喪失率）

この後遺障害等級表（自動車損害賠償保障法施行令別表第1・第2）は、平成23年5月2日改正にかかるもので、平成22年6月10日以降発生した事故につき適用されているものである。労働能力喪失率は、労働基準局長通牒昭和32年7月2日基発第551号別紙による。

別表第1

等　　級	介護を要する後遺障害	保険金額	労働能力喪失率
第1級	1　神経系統の機能または精神に著しい障害を残し、常に介護を要するもの 2　胸腹部臓器の機能に著しい障害を残し、常に介護を要するもの	4,000万円	$\frac{100}{100}$
第2級	1　神経系統の機能または精神に著しい障害を残し、随時介護を要するもの 2　胸腹部臓器の機能に著しい障害を残し、随時介護を要するもの	3,000万円	$\frac{100}{100}$

別表第2

等　　級	後　遺　障　害	保険金額	労働能力喪失率
第1級	1　両眼が失明したもの 2　咀嚼及び言語の機能を廃したもの 3　両上肢をひじ関節以上で失ったもの 4　両上肢の用を全廃したもの 5　両下肢をひざ関節以上で失ったもの 6　両下肢の用を全廃したもの	3,000万円	$\frac{100}{100}$
第2級	1　1眼が失明し、他眼の視力が0.02以下になったもの 2　両眼の視力が0.02以下になったもの 3　両上肢を手関節以上で失ったもの 4　両下肢を足関節以上で失ったもの	2,590万円	$\frac{100}{100}$
第3級	1　1眼が失明し、他眼の視力が0.06以下になったもの 2　咀嚼又は言語の機能を廃したもの 3　神経系統の機能又は精神に著しい障害を残し、終身労務に服することができないもの 4　胸腹部臓器の機能に著しい障害を残し、終身労務に服することができないもの 5　両手の手指の全部を失ったもの	2,219万円	$\frac{100}{100}$
第4級	1　両眼の視力が0.06以下になったもの 2　咀嚼及び言語の機能に著しい障害を残すもの 3　両耳の聴力を全く失ったもの 4　1上肢をひじ関節以上で失ったもの 5　1下肢をひざ関節以上で失ったもの 6　両手の手指の全部の用を廃したもの 7　両足をリスフラン関節以上で失ったもの	1,889万円	$\frac{92}{100}$

等　級	後　遺　障　害	保険金額	労働能力喪失率
第5級	1　1眼が失明し、他眼の視力が0.1以下になったもの 2　神経系統の機能又は精神に著しい障害を残し、特に軽易な労務以外の労務に服することができないもの 3　胸腹部臓器の機能に著しい障害を残し、特に軽易な労務以外の労務に服することができないもの 4　1上肢を手関節以上で失ったもの 5　1下肢を足関節以上で失ったもの 6　1上肢の用を全廃したもの 7　1下肢の用を全廃したもの 8　両足の足指の全部を失ったもの	1,574万円	$\frac{79}{100}$
第6級	1　両眼の視力が0.1以下になったもの 2　咀嚼又は言語の機能に著しい障害を残すもの 3　両耳の聴力が耳に接しなければ大声を解することができない程度になったもの 4　1耳の聴力を全く失い、他耳の聴力が40センチメートル以上の距離では普通の話声を解することができない程度になったもの 5　脊柱に著しい変形又は運動障害を残すもの 6　1上肢の3大関節中の2関節の用を廃したもの 7　1下肢の3大関節中の2関節の用を廃したもの 8　1手の5の手指又はおや指を含み4の手指を失ったもの	1,296万円	$\frac{67}{100}$
第7級	1　1眼が失明し、他眼の視力が0.6以下になったもの 2　両耳の聴力が40センチメートル以上の距離では普通の話声を解することができない程度になったもの 3　1耳の聴力を全く失い、他耳の聴力が1メートル以上の距離では普通の話声を解することができない程度になったもの 4　神経系統の機能又は精神に障害を残し、軽易な労務以外の労務に服することができないもの 5　胸腹部臓器の機能に障害を残し、軽易な労務以外の労務に服することができないもの 6　1手のおや指を含み3の手指を失ったもの又はおや指以外の4の手指を失ったもの 7　1手の5の手指又はおや指を含み4の手指の用を廃したもの 8　1足をリスフラン関節以上で失ったもの 9　1上肢に偽関節を残し、著しい運動障害を残すもの 10　1下肢に偽関節を残し、著しい運動障害を残すもの 11　両足の足指の全部の用を廃したもの 12　外貌に著しい醜状を残すもの 13　両側の睾丸を失ったもの	1,051万円	$\frac{56}{100}$
第8級	1　1眼が失明し、又は1眼の視力が0.02以下になったもの 2　脊柱に運動障害を残すもの 3　1手のおや指を含み2の手指を失ったもの又はおや指以外の3の手指を失ったもの 4　1手のおや指を含み3の手指の用を廃したもの又はおや指以外の4の手指の用を廃したもの 5　1下肢を5センチメートル以上短縮したもの 6　1上肢の3大関節中の1関節の用を廃したもの 7　1下肢の3大関節中の1関節の用を廃したもの 8　1上肢に偽関節を残すもの 9　1下肢に偽関節を残すもの 10　1足の足指の全部を失ったもの	819万円	$\frac{45}{100}$

等　級	後　遺　障　害	保険金額	労　働能　力喪失率
第9級	1　両眼の視力が0.6以下になったもの 2　1眼の視力が0.06以下になったもの 3　両眼に半盲症、視野狭窄又は視野変状を残すもの 4　両眼のまぶたに著しい欠損を残すもの 5　鼻を欠損し、その機能に著しい障害を残すもの 6　咀嚼及び言語の機能に障害を残すもの 7　両耳の聴力が1メートル以上の距離では普通の話声を解することができない程度になったもの 8　1耳の聴力が耳に接しなければ大声を解することができない程度になり、他耳の聴力が1メートル以上の距離では普通の話声を解することが困難である程度になったもの 9　1耳の聴力を全く失ったもの 10　神経系統の機能又は精神に障害を残し、服することができる労務が相当な程度に制限されるもの 11　胸腹部臓器の機能に障害を残し、服することができる労務が相当な程度に制限されるもの 12　1手のおや指又はおや指以外の2の手指を失ったもの 13　1手のおや指を含み2の手指の用を廃したもの又はおや指以外の3の手指の用を廃したもの 14　1足の第1の足指を含み2以上の足指を失ったもの 15　1足の足指の全部の用を廃したもの 16　外貌に相当程度の醜状を残すもの 17　生殖器に著しい障害を残すもの	616万円	$\frac{35}{100}$
第10級	1　1眼の視力が0.1以下になったもの 2　正面を見た場合に複視の症状を残すもの 3　咀嚼又は言語の機能に障害を残すもの 4　14歯以上に対し歯科補綴を加えたもの 5　両耳の聴力が1メートル以上の距離では普通の話声を解することが困難である程度になったもの 6　1耳の聴力が耳に接しなければ大声を解することができない程度になったもの 7　1手のおや指又はおや指以外の2の手指の用を廃したもの 8　1下肢を3センチメートル以上短縮したもの 9　1足の第1の足指又は他の4の足指を失ったもの 10　1上肢の3大関節中の1関節の機能に著しい障害を残すもの 11　1下肢の3大関節中の1関節の機能に著しい障害を残すもの	461万円	$\frac{27}{100}$
第11級	1　両眼の眼球に著しい調節機能障害又は運動障害を残すもの 2　両眼のまぶたに著しい運動障害を残すもの 3　1眼のまぶたに著しい欠損を残すもの 4　10歯以上に対し歯科補綴を加えたもの 5　両耳の聴力が1メートル以上の距離では小声を解することができない程度になったもの 6　1耳の聴力が40センチメートル以上の距離では普通の話声を解することができない程度になったもの 7　脊柱に変形を残すもの 8　1手のひとさし指、なか指又はくすり指を失ったもの 9　1足の第1の足指を含み2以上の足指の用を廃したもの 10　胸腹部臓器の機能に障害を残し、労務の遂行に相当な程度の支障があるもの	331万円	$\frac{20}{100}$

等　級	後　遺　障　害	保険金額	労　働能　力喪失率
第12級	1　１眼の眼球に著しい調節機能障害又は運動障害を残すもの 2　１眼のまぶたに著しい運動障害を残すもの 3　７歯以上に対し歯科補綴を加えたもの 4　１耳の耳殻の大部分を欠損したもの 5　鎖骨、胸骨、ろく骨、けんこう骨又は骨盤骨に著しい変形を残すもの 6　上肢の３大関節中の１関節の機能に障害を残すもの 7　下肢の３大関節中の１関節の機能に障害を残すもの 8　長管骨に変形を残すもの 9　１手のこ指を失ったもの 10　１手のひとさし指、なか指又はくすり指の用を廃したもの 11　１足の第２の足指を失ったもの、第２の足指を含み２の足指を失ったもの又は第３の足指以下の３の足指を失ったもの 12　１足の第１の足指又は他の４の足指の用を廃したもの 13　局部に頑固な神経症状を残すもの 14　外貌に醜状を残すもの	224万円	$\frac{14}{100}$
第13級	1　１眼の視力が0.6以下になったもの 2　正面以外を見た場合に複視の症状を残すもの 3　１眼に半盲症、視野狭窄又は視野変状を残すもの 4　両眼のまぶたの一部に欠損を残し又はまつげはげを残すもの 5　５歯以上に対し歯科補綴を加えたもの 6　１手のこ指の用を廃したもの 7　１手のおや指の指骨の一部を失ったもの 8　１下肢を１センチメートル以上短縮したもの 9　１足の第３の足指以下の１又は２の足指を失ったもの 10　１足の第２の足指の用を廃したもの、第２の足指を含み２の足指の用を廃したもの又は第３の足指以下の３の足指の用を廃したもの 11　胸腹部臓器の機能に障害を残すもの	139万円	$\frac{9}{100}$
第14級	1　１眼のまぶたの一部に欠損を残し又はまつげはげを残すもの 2　３歯以上に対し歯科補綴を加えたもの 3　１耳の聴力が１メートル以上の距離では小声を解することができない程度になったもの 4　上肢の露出面に手のひらの大きさの醜いあとを残すもの 5　下肢の露出面に手のひらの大きさの醜いあとを残すもの 6　１手のおや指以外の手指の指骨の一部を失ったもの 7　１手のおや指以外の手指の遠位指節間関節を屈伸することができなくなったもの 8　１足の第３の足指以下の１又は２の足指の用を廃したもの 9　局部に神経症状を残すもの	75万円	$\frac{5}{100}$

【備考】

1　視力の測定は、万国式試視力表による。屈折異状のあるものについては、矯正視力について測定する。

2　手指を失ったものとは、おや指は指節間関節、その他の手指は近位指節間関節以上を失ったものをいう。

3　手指の用を廃したものとは、手指の末節骨の半分以上を失い、又は中手指節関節若しくは近位指節間関節（おや指にあっては、指節間関節）に著しい運動障害を残すものをいう。

4　足指を失ったものとは、その全部を失ったものをいう。

5　足指の用を廃したものとは、第1の足指は末節骨の半分以上、その他の足指は遠位指節間関節以上を失ったもの又は中足指節関節若しくは近位指節間関節（第1の足指にあっては、指節間関節）に著しい運動障害を残すものをいう。

6　各等級の後遺障害に該当しない後遺障害であって、各等級の後遺障害に相当するものは、当該等級の後遺障害とする。

(注1)　後遺障害が2つ以上あるときは、重い方の後遺障害の該当する等級による。

　　　しかし、下記に掲げる場合においては等級を次の通り繰上げる。

①　第13級以上に該当する後遺障害が2つ以上あるときは、重い方の後遺障害を1級繰上げる。ただし、それぞれの後遺障害に該当する保険（共済）金額の合算額が繰上げ後の後遺障害の保険（共済）金額を下回るときはその合算額を保険（共済）金額として採用する。

②　第8級以上に該当する後遺障害が2つ以上あるときは、重い方の後遺障害の等級を2級繰上げる。

③　第5級以上に該当する後遺障害が2つ以上あるときは、重い方の後遺障害の等級を3級繰上げる。

(注2)　既に後遺障害のある者がさらに同一部位について後遺障害の程度を加重したときは、加重後の等級に応ずる保険（共済）金額から既にあった後遺障害の等級に応ずる保険（共済）金額を控除した金額を保険（共済）金額とする。

資料4　年別ライプニッツ式係数表

　令和2年4月1日から施行された改正民法により、法定利率が3％に変更された（民法404条2項）。もっとも、法定利率については一定の基準に基づき3年ごとに見直されることとなっている（同3項）。適用される法定利率は債権が発生したときとされているため（同1項）、交通事故については、事故発生日を基準として利率が変動することになる。よって、年別ライプニッツ係数についても、令和2年3月31日までの事故と令和2年4月1日以降の事故で異なる係数を適用する必要がある。

法定利率3％による複利現価表 $\dfrac{1}{(1+0.03)^n}$

n	i 3 ％		n	i 3 ％		n	i 3 ％		n	i 3 ％	
1	0.9708	7379	26	0.4636	9473	51	0.2214	6318	76	0.1057	7205
2	0.9425	9591	27	0.4501	8906	52	0.2150	1280	77	0.1026	9131
3	0.9151	4166	28	0.4370	7675	53	0.2087	5029	78	0.0997	0030
4	0.8884	8705	29	0.4243	4636	54	0.2026	7019	79	0.0967	9641
5	0.8626	0878	30	0.4119	8676	55	0.1967	6717	80	0.0939	7710
6	0.8374	8426	31	0.3999	8715	56	0.1910	3609	81	0.0912	3990
7	0.8130	9151	32	0.3883	3703	57	0.1854	7193	82	0.0885	8243
8	0.7894	0923	33	0.3770	2625	58	0.1800	6984	83	0.0860	0236
9	0.7664	1673	34	0.3660	4490	59	0.1748	2508	84	0.0834	9743
10	0.7440	9391	35	0.3553	8340	60	0.1697	3309	85	0.0810	6547
11	0.7224	2128	36	0.3450	3243	61	0.1647	8941	86	0.0787	0434
12	0.7013	7988	37	0.3349	8294	62	0.1599	8972	87	0.0764	1198
13	0.6809	5134	38	0.3252	2615	63	0.1553	2982	88	0.0741	8639
14	0.6611	1781	39	0.3157	5355	64	0.1508	0565	89	0.0720	2562
15	0.6418	6195	40	0.3065	5684	65	0.1464	1325	90	0.0699	2779
16	0.6231	6694	41	0.2976	2800	66	0.1421	4879	91	0.0678	9105
17	0.6050	1645	42	0.2889	5922	67	0.1380	0853	92	0.0659	1364
18	0.5873	9461	43	0.2805	4294	68	0.1339	8887	93	0.0639	9383
19	0.5702	8603	44	0.2723	7178	69	0.1300	8628	94	0.0621	2993
20	0.5536	7575	45	0.2644	3862	70	0.1262	9736	95	0.0603	2032
21	0.5375	4928	46	0.2567	3653	71	0.1226	1880	96	0.0585	6342
22	0.5218	9250	47	0.2492	5876	72	0.1190	4737	97	0.0568	5769
23	0.5066	9175	48	0.2419	9880	73	0.1155	7998	98	0.0552	0164
24	0.4919	3374	49	0.2349	5029	74	0.1122	1357	99	0.0535	9383
25	0.4776	0557	50	0.2281	0708	75	0.1089	4521	100	0.0520	3284

法定利率3％による複利年金現価表 $\dfrac{1}{(1+0.03)} + \dfrac{1}{(1+0.03)^2} + \dfrac{1}{(1+0.03)^3} + \cdots + \dfrac{1}{(1+0.03)^n}$

n	i 3 %	n	i 3 %	n	i 3 %	n	i 3 %
1	0.9708 7379	26	17.8768 4242	51	25.9512 2719	76	29.8075 9833
2	1.9134 6970	27	18.3270 3147	52	26.1662 3999	77	29.9102 8964
3	2.8286 1135	28	18.7641 0823	53	26.3749 9028	78	30.0099 8994
4	3.7170 9840	29	19.1884 5459	54	26.5776 6047	79	30.1067 8635
5	4.5797 0719	30	19.6004 4135	55	26.7744 2764	80	30.2007 6345
6	5.4171 9144	31	20.0004 2849	56	26.9654 6373	81	30.2920 0335
7	6.2302 8296	32	20.3887 6553	57	27.1509 3566	82	30.3805 8577
8	7.0196 9219	33	20.7657 9178	58	27.3310 0549	83	30.4665 8813
9	7.7861 0892	34	21.1318 3668	59	27.5058 3058	84	30.5500 8556
10	8.5302 0284	35	21.4872 2007	60	27.6755 6367	85	30.6311 5103
11	9.2526 2411	36	21.8322 5250	61	27.8403 5307	86	30.7098 5537
12	9.9540 0399	37	22.1672 3544	62	28.0003 4279	87	30.7862 6735
13	10.6349 5533	38	22.4924 6159	63	28.1556 7261	88	30.8604 5374
14	11.2960 7314	39	22.8082 1513	64	28.3064 7826	89	30.9324 7936
15	11.9379 3509	40	23.1147 7197	65	28.4528 9152	90	31.0024 0714
16	12.5611 0203	41	23.4123 9997	66	28.5950 4031	91	31.0702 9820
17	13.1661 1847	42	23.7013 5920	67	28.7330 4884	92	31.1362 1184
18	13.7535 1308	43	23.9819 0213	68	28.8670 3771	93	31.2002 0567
19	14.3237 9911	44	24.2542 7392	69	28.9971 2399	94	31.2623 3560
20	14.8774 7486	45	24.5187 1254	70	29.1234 2135	95	31.3226 5592
21	15.4150 2414	46	24.7754 4907	71	29.2460 4015	96	31.3812 1934
22	15.9369 1664	47	25.0247 0783	72	29.3650 8752	97	31.4380 7703
23	16.4436 0839	48	25.2667 0664	73	29.4806 6750	98	31.4932 7867
24	16.9355 4212	49	25.5016 5693	74	29.5928 8107	99	31.5468 7250
25	17.4131 4769	50	25.7297 6401	75	29.7018 2628	100	31.5989 0534

資料５　令和２年版賃金センサス

令和元年賃金構造基本統計調査（産業計・企業規模計）

区　　分	きまって支給する現金給与額	年間賞与その他特別給与額	年収	平均月収
産業計 全労働者				
男女計　学歴計	338,000	950,900	5,006,900	417,242
〜19歳	198,700	139,000	2,523,400	210,283
20〜24歳	236,000	396,300	3,228,300	269,025
25〜29歳	277,900	696,400	4,031,200	335,933
30〜34歳	313,000	847,600	4,603,600	383,633
35〜39歳	341,900	962,700	5,065,500	422,125
40〜44歳	363,900	1,073,200	5,440,000	453,333
45〜49歳	382,400	1,189,400	5,778,200	481,517
50〜54歳	402,400	1,313,900	6,142,700	511,892
55〜59歳	392,200	1,259,500	5,965,900	497,158
60〜64歳	299,600	684,100	4,279,300	356,608
65〜69歳	263,100	393,500	3,550,700	295,892
70歳〜	247,800	244,500	3,218,100	268,175
男　学歴計	374,900	1,110,900	5,609,700	467,475
〜19歳	206,200	151,200	2,625,600	218,800
20〜24歳	245,500	430,800	3,376,800	281,400
25〜29歳	293,900	754,900	4,281,700	356,808
30〜34歳	336,600	946,600	4,985,800	415,483
35〜39歳	373,600	1,090,000	5,573,200	464,433
40〜44歳	402,500	1,233,000	6,063,000	505,250
45〜49歳	429,300	1,395,800	6,547,400	545,617
50〜54歳	458,500	1,586,100	7,088,100	590,675
55〜59歳	446,100	1,518,600	6,871,800	572,650
60〜64歳	324,600	773,300	4,668,500	389,042
65〜69歳	277,500	420,000	3,750,000	312,500
70歳〜	257,400	229,600	3,318,400	276,533
女　学歴計	269,000	652,000	3,880,000	323,333
〜19歳	185,600	117,200	2,344,400	195,367
20〜24歳	225,500	358,300	3,064,300	255,358
25〜29歳	255,200	613,000	3,675,400	306,283
30〜34歳	267,800	657,900	3,871,500	322,625
35〜39歳	274,600	692,200	3,987,400	332,283
40〜44歳	286,800	753,200	4,194,800	349,567
45〜49歳	290,500	785,500	4,271,500	355,958
50〜54歳	293,300	784,200	4,303,800	358,650
55〜59歳	282,600	732,900	4,124,100	343,675
60〜64歳	240,200	471,400	3,353,800	279,483
65〜69歳	223,200	320,100	2,998,500	249,875
70歳〜	221,700	285,200	2,945,600	245,467

資料6 生命表

令和元年簡易生命表（平均余命）

年齢	男	女	年齢	男	女	年齢	男	女	年齢	男	女
(年)											
0	79.29	86.05	30	50.09	56.64	60	22.58	28.12	90	4.36	5.71
1	78.50	85.26	31	49.12	55.66	61	21.77	27.21	91	4.08	5.31
2	77.53	84.29	32	48.16	54.68	62	20.96	26.32	92	3.82	4.93
3	76.55	83.31	33	47.19	53.70	63	20.16	25.42	93	3.58	4.59
4	75.56	82.32	34	46.23	52.72	64	19.38	24.53	94	3.36	4.27
5	74.57	81.33	35	45.27	51.75	65	18.60	23.64	95	3.15	3.97
6	73.58	80.34	36	44.31	50.77	66	17.83	22.75	96	2.96	3.69
7	72.59	79.35	37	43.35	49.80	67	17.07	21.88	97	2.78	3.44
8	71.60	78.35	38	42.39	48.83	68	16.32	21.00	98	2.61	3.20
9	70.61	77.36	39	41.44	47.86	69	15.57	20.14	99	2.46	2.98
10	69.61	76.36	40	40.49	46.89	70	14.84	19.29	100	2.31	2.77
11	68.62	75.37	41	39.55	45.93	71	14.12	18.44	101	2.18	2.58
12	67.62	74.37	42	38.60	44.96	72	13.41	17.61	102	2.05	2.41
13	66.63	73.38	43	37.66	44.00	73	12.73	16.79	103	1.93	2.24
14	65.64	72.38	44	36.73	43.04	74	12.05	15.98	104	1.82	2.09
15	64.65	71.39	45	35.79	42.08	75	11.40	15.18	105〜	1.72	1.95
16	63.66	70.40	46	34.87	41.13	76	10.77	14.40			
17	62.68	69.41	47	33.94	40.18	77	10.17	13.63			
18	61.70	68.42	48	33.03	39.23	78	9.59	12.88			
19	60.72	67.44	49	32.12	38.28	79	9.02	12.14			
20	59.75	66.45	50	31.21	37.34	80	8.49	11.43			
21	58.78	65.47	51	30.32	36.41	81	7.97	10.74			
22	57.82	64.49	52	29.42	35.47	82	7.48	10.06			
23	56.85	63.50	53	28.54	34.54	83	7.01	9.42			
24	55.88	62.52	54	27.66	33.61	84	6.56	8.80			
25	54.92	61.54	55	26.79	32.69	85	6.13	8.21			
26	53.95	60.56	56	25.93	31.76	86	5.73	7.65			
27	52.98	59.58	57	25.08	30.84	87	5.35	7.12			
28	52.02	58.60	58	24.24	29.93	88	4.99	6.61			
29	51.05	57.62	59	23.40	29.02	89	4.66	6.15			

資料7　自動車損害賠償責任保険支払基準

　平成14年の自動車損害賠償保障法の改正によって、国土交通大臣及び内閣総理大臣により統一的な保険金等の支払基準を定めることとなった。以下の資料は、平成14年4月1日以降に発生した自動車事故に適用されている基準である。また、令和元年10月4日に、法定利率、平均余命、物価水準賃金水準の変動や支払実態を反映して、支払基準の改正案が告示され、令和2年4月1日より施行されている。したがって、施行日以降の事故には新基準が適用される。

支払基準	解　説
第1　総則 1　自動車損害賠償責任保険（共済）の保険金（共済金）等の支払は、自動車損害賠償保障法施行令（昭和30年政令第286号）第2条並びに別表第1及び別表第2に定める保険金額（共済金額）を限度としてこの基準によるものとする。 2　保険金額（共済金額）は、死亡した者又は傷害を受けた者1人につき、自動車損害賠償保障法施行令第2条並びに別表第1及び別表第2に定める額とする。ただし、複数の自動車による事故について保険金（共済金）等を支払う場合は、それぞれの保険契約（共済契約）に係る保険金額（共済金額）を合算した額を限度とする。	
第2　傷害による損害 　傷害による損害は、積極損害（治療関係費、文書料その他の費用）、休業損害および慰謝料とする。 　1．積極損害 (1)　治療関係費 　①　応急手当費 　　応急手当に直接かかる必要かつ妥当な実費とする。 　②　診察料 　　初診料、再診料又は往診料にかかる必要かつ妥当な実費とする。	**第2　傷害による損害** 　1．積極損害 (1)　治療関係費 　①　応急手当費 　ア　応急手当費とは、事故による損害に対して緊急または暫定的に行われる処置（骨折部の固定、出血部の止血等）のための費用をいう。 　イ　事故現場近くの住宅や店舗等で応急手当を受けて畳、ふとんなどを汚損した際

229

支払基準	解　説
③　入院料 　入院料は、原則としてその地域における普通病室への入院に必要かつ妥当な実費とする。 　ただし、被害者の傷害の様態等から医師が必要と認めた場合は、上記以外の病室への入院に必要かつ妥当な実費とする。 ④　投薬料、手術料、処置料等 　治療のために必要かつ妥当な実費とする。 ⑤　通院費、転院費、入院費又は退院費 　通院、転院、入院又は退院に要する交通費として必要かつ妥当な実費とする。 ⑥　看護料 ア　入院中の看護料 　原則として12歳以下の子供に近親者等が付き添った場合に1日につき4,200円とする。 イ　自宅看護料又は通院看護料 　医師が看護の必要性を認めた場合に次のとおりとする。ただし、12歳以下の子供の通院等に近親者等が付き添った場合には医師の証明は要しない。 （ア）厚生労働大臣の許可を受けた有料職業紹介所の紹介による者 　立証資料等により必要かつ妥当な実費とする。 （イ）近親者等 　1日につき2,100円とする。 ウ　近親者等に休業損害が発生し、立証資料等により、ア又はイ（イ）の額を超えることが明らかな場合は、必要かつ妥当な実費とする。 ⑦　諸雑費 　療養に直接必要のある諸物品の購入費又は使用料、医師の指示により摂取した栄養物の購入費、通信費等とし、次のとおりとする。 ア　入院中の諸雑費 　入院1日につき1,100円とする。立証資料等により1日につき1,100円を超えることが明らかな場合は、必要かつ妥当な実費とする。	の費用も含み、応急手当のため営業を中断した場合などの間接的費用は含まない。 ②　診察料　③　入院料　④　投薬料、手術料、処置料等 ア　健康保険、労災保険などによる場合は当該保険に基づく料金。 イ　自賠責保険診療報酬基準案による場合は、その料金。 ウ　自由診療による場合は、必要かつ妥当な実費。 エ　④には注射料、検査料、画像診断料、輸血料、麻酔料等を含む。売薬は原則として医師の指示によるものに限る。 ⑤　通院費、転院費、入退院費 ア　タクシー、自家用車などを使用した場合は、傷害の部位や程度、病院までの距離、交通事情などを勘案して必要かつ妥当な実費とする。 イ　支払基準「第2　傷害による損害」「1．積極損害」「(1)治療関係費」⑥イの通院看護で付き添った場合の交通費は通院費とする。 ⑥　看護料 ア　入院中の看護料は、12歳以下の子供に近親者等が付き添った場合以外については、医師の要看護証明がある場合等医療機関の実情、傷害の態様等からやむを得ない理由がある場合に限り認める。 イ　近親者とは、被害者と同居の家族及び3親等以内の親族とする。 ウ　入院中の看護に必要な寝具料や交通費は、必要かつ妥当な実費とする。 エ　12歳以下の子供の自宅看護については、長管骨骨折等によるギプスの装着等の傷害の態様、当該子供との関係などから必要がある場合に医師の証明は必要としないものとする。 オ　近親者が12歳以下の子供の看護を行い、休業損害が発生した場合は自動車損害賠償保障法施行令第3条の2に定める金額を限度とする。 カ　近親者が12歳以下の子供の看護を行う場合以外については、休業損害が発生した場合は、その地域の有料職業紹介所の家政婦等の料金の範囲内とする。 キ　近親者等の休業損害には有給休暇を使用した場合を含む。 ⑦　諸雑費 　療養のための間接的費用、例えば、見舞客のための接待費、医師や看護婦への謝礼等

支払基準	解説
イ　通院又は自宅療養中の諸雑費 　必要かつ妥当な実費とする。 ⑧　柔道整復等の費用 　免許を有する柔道整復師、あんま・マッサージ・指圧師、はり師、きゅう師が行う施術費用は、必要かつ妥当な実費とする。 ⑨　義肢等の費用 ア　傷害を被った結果、医師が身体の機能を補完するために必要と認めた義肢、歯科補てつ、義眼、眼鏡（コンタクトレンズを含む）、補聴器、松葉杖等の用具の制作等に必要かつ妥当な実費とする。 イ　アに掲げる用具を使用していた者が、傷害に伴い当該用具の修繕または再調達を必要とするに至った場合は、必要かつ妥当な実費とする。 ウ　ア及びイの場合の眼鏡（コンタクトレンズを含む）の費用については、50,000円を限度とする。 ⑩　診断書等の費用 　診断書、診療報酬明細書等の発行に必要かつ妥当な実費とする。 (2)　文書料 　交通事故証明書、被害者側の印鑑証明書、住民票等の発行に必要かつ妥当な実費とする。	は含まない。また、その後の日常生活において使用価値のあるもの、例えば炊事用具、寝具、テレビ、ラジオ、体温計等の購入代金も含まない。 ⑧　柔道整復等の費用 ア　健康保険、労災保険などの社会保険による場合は、当該保険に基づく料金とする。 イ　自由診療による場合は、労災保険に準じて必要かつ妥当な実費とする。 ウ　あんま・マッサージ・指圧師、はり師、きゅう師の施術費用は医師が必要と認めた場合を原則とし、必要かつ妥当な実費とする。 ⑨　義肢等の費用 ア　健康保険、労災保険などの社会保険による場合は、当該保険に基づく料金とする。 イ　支払基準ア及びイの場合の歯療補てつの費用のうち、歯冠、継続歯及び架工義歯（ブリッジ）については、1歯につき原則として80,000円の範囲内とする。 ウ　眼鏡（コンタクトレンズを含む。）の費用及び歯料補てつの費用については、消費税分を別途認める。 ⑩　診断書等の費用 　診断書の費用とは次のような書類の発行手数料をいい、請求に必要な枚数について必要かつ妥当な実費とする。 「診断書」「診療報酬明細書」「後遺障害診断書」「医師の意見書」「要看護証明書」「要個室証明書」「施術証明書・施術費明細書」等 (2)　文書料 ①　請求に必要な文書の発行手数料をいい、次表に掲げる文書については原本が添付されている場合に同表の金額とする。 ②　立証資料等により次表の金額を超えることが明らかな場合は実費とする。 ③　次表以外の請求に必要な文書については、原本が添付されている場合に立証資料等により実費とする。

支払基準	解 説

文書名	発行手数料 （1通）
交通事故証明書	600円
被害者側の印鑑証明書、住民票	200円
所得証明書、納税証明書	
法人の印鑑証明	450円
戸籍謄（抄）本	450円
戸籍の全部（個人）事項証明	
除籍謄（抄）本	750円
原戸籍謄（抄）本	
除かれた戸籍の全部（個人）事項証明	
登記事項証明書 後見登記等ファイルに記録されている事項を証明した書面	550円
自己を成年被後見人等又は任意後見契約の本人とする登記記録がないことを証明した書面	300円

(3) その他の費用

(1)治療関係費及び(2)文書料以外の損害であって事故発生場所から医療機関まで被害者を搬送するための費用等については、必要かつ妥当な実費とする。

(3) その他の費用

例えば、次のような費用をいう。

① 事故発生場所から医療機関まで被害者を搬送するための費用及び運搬具の汚損等のために支出した費用
② 事故発生場所が遠隔地である場合の近親者の交通費及び宿泊費
③ 学生が治療のため入学延期または留年した場合の授業料
④ 被害者を救助または捜索するための費用

2. 休業損害

(1) 休業損害は、休業による収入の減少があった場合又は有給休暇を使用した場合に1日につき原則として6,100円とする。ただし、家事従事者については、休業による収入の減少があったものとみなす。

(2) 休業損害の対象となる日数は、実休業日数を基準とし、被害者の傷害の様態、実治療日数その他を勘案して治療期間の範囲内とする。

(3) 立証資料等により1日につき6,100円を超えることが明らかな場合は、自動車損害賠償保障法

2. 休業損害

(1) 治療期間とは、事故日から治療最終日までをいう。

(2) 有職者

① 給与所得者

ア 給与所得者とは、原則として雇用主に対して労務を提供し、その対価として賃金等を得ている者であって、1週間の労働時間が30時間以上の者をいう。

イ 休業損害額は次の算式により算出する。

$$休業損害額 = \frac{事故前3か月間の給与額}{90日}$$

又は、6,100円のいずれか高い額×休業日数

ウ 事故前3か月間の給与額には、本給のほか皆勤手当などの付加給を含む。

エ 休業中の本給について一部又は全額が

支払基準	解　説
施行令第３条の２に定める金額を限度として、その実額とする。	支給されている場合は、イで算出した休業損害額から現に支給された額を差し引いた額を休業損害とする。また、賞与等については当該減少額を休業損害とする。 オ　休業日数は原則として被害者の勤務先の休業損害証明書によるものとする。 カ　将来の昇給額等の減少は原則として休業損害とはしないが、来期の賞与について減少額が立証される場合はその減少額も休業損害に含む。 キ　法人の役員の場合は休業損害がなかったものとする。ただし、きわめて小規模な法人などで役員の休業によりその法人の業務に支障をきたし、結果としてその役員に休業損害が発生する場合にはこの限りでない。 ②　事業所得者 ア　事業所得者とは、原則として白色申告事業主又は青色申告事業主をいう。 イ　休業損害額は次の算式により算出する。 休業損害額＝ $$\frac{(事故前１年間の収入額（固定給を除く）-必要経費) \times 寄与率}{365日}$$ 又は、6,100円のいずれか高い額×休業日数 ウ　休業日数は、原則として実治療日数とする。ただし、損害の態様、業種等を勘案して治療期間の範囲内で実治療日数の２倍を限度とすることができる。また、長管骨骨折等によるギプス装着期間は実治療日数と同様に取り扱う。 エ　代替労力を利用したときは休業損害があったものとし、それに要した必要かつ妥当な実費とする。 ③　パートタイマー、アルバイト、日雇労働者等 ア　パートタイマー、アルバイト、日雇労働者等とは、原則として雇用期間を定めて雇用主に対して労務を提供し、その対価として賃金等を得ている者であって、１週間の労働時間が30時間未満の者をいう。 イ　１日当たりの平均収入額は、事故前３か月間の収入の合計額に基づき算出した額とする。 ウ　休業日数は原則として実治療日数の範囲内とする。ただし、被害者の傷害の態様、職種等を勘案して治療期間の範

支払基準	解　説

<table>
<tr><td></td><td>囲内で実治療日数の２倍を限度とする
ことができる。</td></tr>
</table>

エ　次の(3)の家事従事者として休業損害
　　が発生する者については、いずれか高
　　い額を休業損害とする。
(3)　家事従事者
　①　家事従事者とは、性別、年齢に関わ
　　りなく原則として家事を専業にする者
　　をいう。
　②　休業損害は次の算式により算出する。
　　休業損害額＝6,100円 × 休業日数
　③　休業日数は原則として実治療日数と
　　する。ただし、傷害の態様等を勘案し
　　て治療期間の範囲内で実治療日数の２
　　倍を限度とすることができる。また、
　　長管骨骨折等によるギプス装着期間は
　　実治療日数と同様に取り扱う。
　④　代替労力を利用したときは休業損害
　　があったものとし、それに要した必要
　　かつ妥当な実費とする。
(4)　複数の職業を有する者についても、１
　日につき原則として6,100円とする。
(5)　有職者及び家事従事者以外の者
　　学生、年金生活者、金利生活者等事故
　による収入の減少がない者については、
　休業損害がないものとする。

３．慰謝料

左列:
３．慰謝料
(1)　慰謝料は、１日につき4,300円
　とする。
(2)　慰謝料の対象となる日数は、
　被害者の傷害の態様、実治療日
　数その他を勘案し、治療期間の
　範囲内とする。
(3)　妊婦が胎児を死産または流産
　した場合は、上記のほかに慰謝
　料を認める。

右列:
３．慰謝料
(1)　慰謝料の対象となる日数は、治療期間
　の範囲内で入院日数を含む実治療日数の
　２倍に相当する日数とする。ただし、あ
　んま・マッサージ、指圧師、はり師、き
　ゅう師の施術は実施術日数とする。
(2)　長管骨骨折などによるギプス装着期間
　の日数は実治療日数と同様に取り扱う。
(3)　治療期間とは事故日から治療最終日ま
　でをいう。ただし、治療最終日が「治ゆ
　見込み」、「中止」、「転医」、「継続」とな
　っている場合は、７日を加算する。
(4)　妊婦が胎児を死産または流産した場合
　の慰謝料は、原則として次に掲げる表の
　金額とする。

妊娠月数　（週数）	金額
３か月（12週）以内	30万円
４か月（13週）～６か月（24週）	50万円
７か月（25週）以上	80万円

234

支払基準	解　説
第3　後遺障害による損害 　後遺障害による損害は、逸失利益及び慰謝料等とし、自動車損害賠償保障法施行令第2条並びに別表第1及び別表第2に定める等級に該当する場合に認める。等級の認定は、原則として労働者災害補償保険における障害の等級認定の基準に準じて行う。 1. 逸失利益 　逸失利益は、次のそれぞれに掲げる年間収入額または年相当額に該当等級の労働能力喪失率（別表Ⅰ）と後遺障害確定時の年齢における就労可能年数のライプニッツ係数（別表Ⅱ－1）を乗じて算出した額とする。ただし、生涯を通じて全年齢平均給与額（別表Ⅲ）の年相当額を得られる蓋然性が認められない場合は、この限りでない。 (1) 有職者 　事故前1年間の収入額と後遺障害確定時の年齢に対応する年齢別平均給与額（別表Ⅳ）の年相当額のいずれか高い額を収入額とする。ただし、次の者については、それぞれに掲げる額を収入額とする。 　①　35歳未満であって事故前1年間の収入額を立証することが可能な者 　　　事故前1年間の収入額、全年齢平均給与額の年相当額および年齢別平均給与額の年相当額のいずれか高い額。 　②　事故前1年間の収入額を立証することが困難な者 　ア　35歳未満の者 　　全年齢平均給与額の年相当額又は年齢別平均給与額の年相当額のいずれか高い額。 　イ　35歳以上の者 　　年齢別平均給与額の年相当額。 　③　退職後1年を経過していない失業者（定年退職者を除く） 　　以上の基準を準用する。この場合において、「事故前1年間の収入額」とあるのは、「退職前1年間の収入額」と読み替えるものとする。	**第3　後遺障害による損害** 1. 逸失利益 (1) 有職者 ①逸失利益は次の算式により算出する。 　逸失利益＝年間収入額又は年相当額のいずれか高い額×労働能力喪失率×後遺障害確定時（症状固定時）の年齢における就労可能年数のライプニッツ係数 　(注1)　計算後の端数は千円以上を切り上げて万円単位とする。 　(注2)　年間収入額には賞与等の臨時給与を含み、事業所得者についてはその収入を得るために必要な諸経費等を控除した額とする。また、本人の生活費は控除しない。 ②　後遺障害確定前1年間の収入額が事故前1年間の収入額を上回る場合は、後遺障害確定前1年間の収入額を事故前1年間の収入額と読み替えるものとする。 ③　退職後1年を経過していない失業者とは、事故前1年以内に失業又は退職した者をいい、非自発的に廃業した事業所得者を含む。また、早期退職者または退職優遇制度等の適用を受けて退職した者であって、その後職業に就く意思があり、雇用保険の求職者給付を受けている者を含む。 ④　定年退職者等とは、定年により退職した者のほか、早期退職者または退職優遇制度等の適用を受けて退職した者であって、その後職業に就く意思がなく、雇用保険の求職者給付を受けていない者を含む。 (2) 幼児・児童・生徒・学生・家事従事者 ①　全年齢平均給与額の年相当額（58歳以上の者で年齢別平均給与額が全年齢平均給与額を下回る場合は、年齢別平均給与額の年相当額）をもとに、有職者の逸失利益の計算方法に準じて算出する。 ②　家事従事者とは、性別、年齢に関わりなく原則として家事を専業にする者をいう。ただし、次の3条件を満たす者は、家事従事者とはせず次の(3)の働く意思と能力を有する者とする。 ・　配偶者がいないこと。 ・　現に勤労所得がないこと。（勤労所得には金利、家賃、地代、年金等の所得は含まない。）

支払基準	解 説

支払基準欄:

(2) 幼児・児童・生徒・学生・家事従事者

全年齢平均給与額の年相当額とする。ただし、59歳以上の者で年齢別平均給与額が全年齢平均給与額を下回る場合は、年齢別平均給与額の年相当額とする。

(3) その他働く意思と能力を有する者

年齢別平均給与額の年相当額とする。ただし、全年齢平均給与額の年相当額を上限とする。

2. 慰謝料等

(1) 後遺障害に対する慰謝料等の額は、該当等級ごとに次に掲げる表の金額とする。

① 自動車損害賠償保障法施行令別表第1の場合

第1級	第2級
1,650万円	1,203万円

② 自動車損害賠償保障法施行令別表第2の場合

第1級	第2級	第3級	第4級	第5級
1,150万円	998万円	861万円	737万円	618万円

第6級	第7級	第8級	第9級	第10級
512万円	419万円	331万円	249万円	190万円

第11級	第12級	第13級	第14級
136万円	94万円	57万円	32万円

(2)

① 自動車損害賠償保障法施行令別表第1の該当者であって被扶養者がいるときは、第1級については1,850万円とし、第2級については1,373万円とする。

② 自動車損害賠償保障法施行令別表第2第1級、第2級または第3級の該当者であって被扶養者がいるときは、第1級については1,350万円とし、第2級については1,168万円とし、第3級については1,005万円とする。

解説欄:

・ 同一世帯に家事を専業にする者がいる。または一人で生活していること。

(3) その他働く意思と能力を有する者

年齢別平均給与額の年相当額（全年齢平均給与額の年相当額を上限とする。）をもとに有職者の逸失利益の計算方法に準じて算出する。

2. 慰謝料等

被扶養者がいるときは、配偶者、未成年の子、65歳以上の父母のいずれかを扶養している場合をいう。なお、未成年の兄弟姉妹等を扶養している場合は、実情に応じて被扶養者がいるものとする。また、婚姻の届出はしていないが、事実所婚姻と同様の関係にある者については、民法上の配偶者に準じて取り扱う。

※加重障害

すでに後遺障害のある者が、事故による損害により同一部位について障害の程度を加重した場合については、次のとおりとする。

(1) 保険（共済）金額

加重後の後遺障害の該当する自動車損害賠償保障法施行令別表第1及び別表第2に定める等級の保険（共済）金額から既存の後遺障害の該当するこれらの表の等級の保険（共済）金額を差し引いた額を限度とする。

(2) 損害額の算出方法

① 逸失利益

加重障害の場合における労働能力喪失率は、加重後の該当等級の労働能力喪失率から既存の該当等級の労働能力喪失率を差し引いたものを用いるものとする。

② 慰謝料等

慰謝料等の額は、加重後の該当等級の慰謝料等の額から既存の該当等級の慰謝料等の額を差し引いた額とする。

支払基準	解　説
(3)　自動車損害賠償保障法施行令別表第1に該当する場合は、初期費用等として、第1級には500万円を、第2級には205万円を加算する。	

第4　死亡による損害

死亡による損害は、葬儀費、逸失利益、死亡本人の慰謝料および遺族の慰謝料とする。後遺障害による損害に対する保険金等の支払の後、被害者が死亡した場合の死亡による損害について、事故と死亡との間に因果関係が認められるときには、その差額を認める。

1.葬儀費
(1)　葬儀費は、100万円とする。

2.逸失利益
(1)　逸失利益は、次のそれぞれに掲げる年間収入額又は年相当額から本人の生活費を控除した額に死亡時の年齢における就労可能年数のライプニッツ係数（別表Ⅱ-1）を乗じて算出する。ただし、生涯を通じて全年齢平均給与額（別表Ⅲ）の年相当額を得られる蓋然性が認められない場合は、この限りでない。
　①　有職者
　　事故前1年間の収入額と死亡時の年齢に対応する年齢別平均給与額（別表Ⅳ）の年相当額のいずれか高い額を収入額とする。ただし、次の者については、それぞれに掲げる額を収入額とする。
　ア　35歳未満であって事故前1年間の収入額を立証することが可能な者
　　　事故前1年間の収入額、全年齢平均給与額の年相当額及び年齢別平均給与額の年相当額のいずれか高い額。
　イ　事故前1年間の収入額を立証

第4　死亡による損害

1.葬儀費
　葬儀費は通夜、告別式などの葬儀に係る費用や、初七日追善供養、祭壇、仏壇、火葬、埋葬、石墓または墓石に要する費用とし、墓地、永大供養、年忌供養、香典返し等の費用は含まれない。

2.逸失利益
(1)　被扶養者がいるときは、配偶者、未成年の子、65歳以上の父母のいずれかを扶養している場合をいう。なお、未成年の兄弟姉妹等を扶養している場合は、実情に応じて被扶養者がいるものとする。また、婚姻の届出はしていないが、事実上婚姻と同様の関係にある者については、民法上の配偶者に準じて取り扱う。
(2)　有職者
　①　逸失利益は次の算式により算出する。
　　逸失利益＝（年間収入額または年相当額のいずれか高い額-生活費）×死亡時の年齢における就労可能年数のライプニッツ係数
　　（注1）計算後の端数は千円以上を切り上げて万円単位とする。
　　（注2）年間収入額には賞与等の臨時給与を含み、事業所得者についてはその収入を得るために必要な諸経費等を控除した額とする。
　②　退職後1年を経過していない失業者とは、事故前1年以内に失業又は退職した者をいい、非自発的に廃業した事業所得者を含む。また、早期退職者または退職優遇制度等の適用を受けて退職した者であって、その後職業に就く

237

支払基準	解説
することが困難な者 （ア）35歳未満の者 　全年齢平均給与額の年相当額又は年齢別平均給与額の年相当額のいずれか高い額。 （イ）35歳以上の者 　年齢別平均給与額の年相当額。 ウ　退職後1年を経過していない失業者（定年退職者を除く。） 　以上の基準を準用する。この場合において、「事故前1年間の収入額」とあるのは、「退職前1年間の収入額」と読み替えるものとする。 ②　幼児・児童・生徒・学生・家事従事者 　全年齢平均給与額の年相当額とする。ただし、59歳以上の者で年齢別平均給与額が全年齢平均給与額を下回る場合は、年齢別平均給与額の年相当額とする。 ③　その他働く意思と能力を有する者 　年齢別平均給与額の年相当額とする。ただし、全年齢平均給与額の年相当額を上限とする。 (2)　(1)にかかわらず、年金等の受給者の逸失利益は、次のそれぞれに掲げる年間収入額または年相当額から本人の生活費を控除した額に死亡時の年齢における就労可能年数のライプニッツ係数（別表Ⅱ-1）を乗じて得られた額と、年金等から本人の生活費を控除した額に死亡時の年齢における平均余命年数のライプニッツ係数（別表Ⅱ-2）から死亡時の年齢における就労可能年数のライプニッツ係数を差し引いた係数を乗じて得られた額とを合算して得られた額とする。ただし、生涯を通じて全年齢平均給与額（別表Ⅲ）の年相当額を得られる蓋然性が認められない場合は、この限りでない。 　年金等の受給者とは、各種年金及び恩給制度のうち原則として受給権者本人による拠出性のある年金等を現に受給していた者とし、無拠出性の福祉年金や遺	意思があり、雇用保険の求職者給付を受けている者を含む。 ③　定年退職者等とは、定年により退職した者のほか、早期退職者又は退職優遇制度等の適用を受けて退職した者であって、その後職業に就く意思がなく、雇用保険の求職者給付を受けていない者を含む。 (3)　幼児・児童・生徒・学生・家事従事者 ①　全年齢平均給与額の年相当額（59歳以上の者で年齢別平均給与額が全年齢平均給与額を下回る場合は、年齢別平均給与額の年相当額）をもとに、有職者の逸失利益の計算方法に準じて算出する。 ②　家事従事者とは、性別、年齢に関わりなく原則として家事を専業にする者をいう。ただし、次の3条件を満たす者は、家事従事者とはせず次の(4)の働く意思と能力を有する者とする。 　・　配偶者がいないこと。 　・　現に勤労所得がないこと。（勤労所得には金利、家賃、地代、年金等の所得は含まない。） 　・　同一世帯に家事を専業にする者がいる。または一人で生活していること。 (4)　その他働く意思と能力を有する者 　年齢別平均給与額の年相当額（全年齢平均給与額の年相当額を上限とする。）をもとに有職者の逸失利益の計算方法に準じて算出する。 (5)　年金等の受給者 　逸失利益は次の算式により算出する。 ①　有職者 　逸失利益＝（収入額と年金額の額の合計額又は年相当額のいずれか高い額－生活費）×死亡時の年齢における就労可能年数のライプニッツ係数＋（年金等の額－生活費）×（死亡時の年齢における平均余命年数のライプニッツ係数－死亡時の年齢における就労可能年数のライプニッツ係数） 　（注）計算後の端数は千円以上を切り上げて万円単位とする。

支払基準	解　説
族年金は含まない。 ① 有職者 　事故前1年間の収入額と年金等の額を合算した額と、死亡時の年齢に対応する年齢別平均給与額（別表Ⅳ）の年相当額のいずれか高い額とする。ただし、35歳未満の者については、これらの比較のほか、全年齢平均給与額の年相当額とも比較して、いずれか高い額とする。 ② 幼児・児童・生徒・学生・家事従事者 　年金等の額と全年齢平均給与額の年相当額のいずれか高い額とする。ただし、59歳以上の者で年齢別平均給与額が全年齢平均給与額を下回る場合は、年齢別平均給与額の年相当額と年金等の額のいずれか高い額とする。 ③ その他働く意思と能力を有する者 　年金等の額と年齢別平均給与額の年相当額のいずれか高い額とする。ただし、年齢別平均給与額が全年齢平均給与額を上回る場合は、全年齢平均給与額の年相当額と年金額のいずれか高い額とする。 ⑶　生活費の立証が困難な場合、被扶養者がいるときは年間収入額または年相当額から35％を、被扶養者がいないときは年間収入額または年相当額から50％を生活費として控除する。	②　幼児・児童・生徒・学生・家事従事者 　逸失利益＝（年金額の額又は年相当額のいずれか高い額－生活費）×死亡時の年齢における就労可能年数のライプニッツ係数＋（年金等の額－生活費）×（死亡時の年齢における平均余命年数のライプニッツ係数－死亡時の年齢における就労可能年数のライプニッツ係数） （注）計算後の端数は千円以上を切り上げて万円単位とする。 ③　その他働く意思と能力を有する者 　②の算式を準用する。
3.死亡本人の慰謝料 　死亡本人の慰謝料は400万円とする。	**3．死亡本人の慰謝料**
4.遺族の慰謝料 　慰謝料の請求権者は、被害者の父母（養父母を含む）、配偶者および子（養子、認知した子及び胎児を含む）とし、その額は、請求権者1人の場合には550万円とし、2人の場合には650万円とし、3人以上の場合には、750万円とする。 　なお、被害者に被扶養者がいるときは、上記金額に200万円を加算する。	**4．遺族の慰謝料** 　被扶養者がいるときは、配偶者、未成年の子、65歳以上の父母のいずれかを扶養している場合をいう。なお、未成年の兄弟姉妹等を扶養している場合は、実情に応じて被扶養者がいるものとする。また、婚姻の届出はしていないが、事実上婚姻と同様の関係にある者については、民法上の配偶者に準じて取り扱う。

支払基準	解　説
第5　死亡に至るまでの傷害による損害 　死亡に至るまでの傷害による損害は、積極損害〔治療関係費（死体検案書料及び死亡後の処置料等の実費を含む）、文書料その他の費用〕、休業損害および慰謝料とし、「第2　傷害による損害」の基準を準用する。ただし、事故当日または事故翌日死亡の場合は、積極損害のみとする。	**第5　死亡に至るまでの傷害による損害** 　「第2　傷害による損害」の基準と同様に取り扱う。ただし、次の取り扱いをするものとする。 1　「死亡による損害（葬儀費）」には、遺体引取費を含むものとする。 2　「診断書等の費用」には、死亡診断書（死体検案書）を含むものとする。 3　その他の費用には、例えば、谷間に落ちた遺体引上げに要した費用等を含むものとする。
第6　減額	**第6　減額**

支払基準	解　説
1．重大な過失による減額 　被害者に重大な過失がある場合は、次に掲げる表のとおり、清算した損害額が保険金額に満たない場合には積算した損害額から、保険金額以上となる場合には保険金額から減額を行う。ただし、傷害による損害額（後遺障害および死亡に至る場合を除く）が20万円未満の場合はその額とし、減額により20万円以下となる場合は20万円とする。	**1．重大な過失による減額** **2．受傷と死亡または後遺障害との間の因果関係の有無の判断が困難な場合の減額** 　因果関係の有無の判断が困難な場合の例は次のとおり。 (1)　被害者が既往症等を有していたため、死因または後遺障害発生要因が明らかでない場合 (2)　事故後被害者が自殺した場合で、その原因が事故によるものかそれ以外によるものか判然としない場合等

減額適用上の被害者の過失割合	減額割合	
	後遺障害又は死亡に係るもの	傷害に係るもの
7割未満	減額なし	減額なし
7割以上8割未満	2割減額	
8割以上9割未満	3割減額	2割減額
9割以上10割未満	5割減額	

2．受傷と死亡または後遺障害との間の因果関係の有無の判断が困難な場合の減額

　被害者が既往症等を有していたため、死因または後遺障害発生原因が明らかでない場合等受傷と死亡との間および受傷と後遺障害との間の因果関係の有無の判断が困難な場合は、死亡による損害および後遺障害による損害について、積算した損害額が保険金額に満たない場合には積算した損害額から、保険金額以上となる場合には保険金額から5割の減額を行う。

別表Ⅰ　労働能力喪失率表－省略－資料3

別表Ⅱ-1　就労可能年数とライプニッツ係数表

(1) 18歳未満の者に適用する表

年齢	幼児・児童・生徒・学生・右欄以外の働く意思と能力を有する者		有職者・家事従事者		年齢	幼児・児童・生徒・学生・右欄以外の働く意思と能力を有する者		有職者・家事従事者	
	就労可能年数	係数	就労可能年数	係数		就労可能年数	係数	就労可能年数	係数
歳	年		年		歳	年		年	
0	49	14.980	67	28.733	9	49	19.545	58	27.331
1	49	15.429	66	28.595	10	49	20.131	57	27.151
2	49	15.892	65	28.453	11	49	20.735	56	26.965
3	49	16.369	64	28.306	12	49	21.357	55	26.774
4	49	16.860	63	28.156	13	49	21.998	54	26.578
5	49	17.365	62	28.000	14	49	22.658	53	26.375
6	49	17.886	61	27.840	15	49	23.338	52	26.166
7	49	18.423	60	27.676	16	49	24.038	51	25.951
8	49	18.976	59	27.506	17	49	24.759	50	25.730

(2) 18歳以上の者に適用する表

年齢	就労可能年数	係数	年齢	就労可能年数	係数	年齢	就労可能年数	係数	年齢	就労可能年数	係数
歳	年		歳	年		歳	年		歳	年	
18	49	25.502	39	28	18.764	60	12	9.954	81	5	4.580
19	48	25.267	40	27	18.327	61	12	9.954	82	4	3.717
20	47	25.025	41	26	17.877	62	11	9.253	83	4	3.717
21	46	24.775	42	25	17.413	63	11	9.253	84	4	3.717
22	45	24.519	43	24	16.936	64	11	9.253	85	4	3.717
23	44	24.254	44	23	16.444	65	10	8.530	86	3	2.829
24	43	23.982	45	22	15.937	66	10	8.530	87	3	2.829
25	42	23.701	46	21	15.415	67	9	7.786	88	3	2.829
26	41	23.412	47	20	14.877	68	9	7.786	89	3	2.829
27	40	23.115	48	19	14.324	69	9	7.786	90	3	2.829
28	39	22.808	49	18	13.754	70	8	7.020	91	2	1.913
29	38	22.492	50	17	13.166	71	8	7.020	92	2	1.913
30	37	22.167	51	16	12.561	72	8	7.020	93	2	1.913
31	36	21.832	52	16	12.561	73	7	6.230	94	2	1.913
32	35	21.487	53	15	11.938	74	7	6.230	95	2	1.913
33	34	21.132	54	15	11.938	75	7	6.230	96	2	1.913
34	33	20.766	55	14	11.296	76	6	5.417	97	2	1.913
35	32	20.389	56	14	11.296	77	6	5.417	98	2	1.913
36	31	20.000	57	14	11.296	78	6	5.417	99	2	1.913
37	30	19.600	58	13	10.635	79	5	4.580	100	2	1.913
38	29	19.188	59	13	10.635	80	5	4.580	101	2	1.913
									102〜	1	0.971

(注)　1．18歳未満の有職者及び家事従事者並びに18歳以上の者の場合の就労可能年数については、

　　(1)　52歳未満の者は、67歳とその者の年齢との差に相当する年数とした。

　　(2)　52歳以上の者は、「第22回生命表（完全生命表）」による男又は女の平均余命のうちいずれか短い平均余命の1/2の年数とし、その年数に1年未満の端数があるときは、これを切り上げた。

　　2．18歳未満の者（有職者及び家事従事者を除く。）の場合の就労可能年数及びライプニッツ係数は次のとおりとした。

　　(1)　就労可能年数67歳（就労の終期）とその者の年齢との差に相当する年数から18歳（就労の始期）とその者の年齢との差に相当する年数を控除したもの

　　(2)　ライプニッツ係数67歳（就労の終期）とその者の年齢との差に相当する年数に対応するライプニッツ係数から18歳（就労の始期）とその者の年齢との差に相当する年数に対応するライプニッツ係数を控除したもの

別表Ⅱ-2　平均余命年数とライプニッツ係数表

年齢	男 平均余命年数	男 係数	女 平均余命年数	女 係数	年齢	男 平均余命年数	男 係数	女 平均余命年数	女 係数	年齢	男 平均余命年数	男 係数	女 平均余命年数	女 係数
歳	年		年		歳	年		年		歳	年		年	
0	80	30.201	86	30.710	36	45	24.519	51	25.951	72	14	11.296	18	13.754
1	79	30.107	86	30.710	37	44	24.254	50	25.730	73	13	10.635	17	13.166
2	78	30.010	85	30.631	38	43	23.982	49	25.502	74	12	9.954	16	12.561
3	77	29.910	84	30.550	39	42	23.701	48	25.267	75	12	9.954	15	11.938
4	76	29.808	83	30.467	40	41	23.412	47	25.025	76	11	9.253	14	11.296
5	75	29.702	82	30.381	41	40	23.115	46	24.775	77	10	8.530	14	11.296
6	74	29.593	81	30.292	42	39	22.808	45	24.519	78	10	8.530	13	10.635
7	74	29.593	80	30.201	43	38	22.492	44	24.254	79	9	7.786	12	9.954
8	73	29.481	79	30.107	44	37	22.167	43	23.982	80	8	7.020	11	9.253
9	72	29.365	78	30.010	45	37	22.167	42	23.701	81	8	7.020	10	8.530
10	71	29.246	77	29.910	46	36	21.832	41	23.412	82	7	6.230	10	8.530
11	70	29.123	76	29.808	47	35	21.487	40	23.115	83	7	6.230	9	7.786
12	69	28.997	75	29.702	48	34	21.132	39	22.808	84	6	5.417	8	7.020
13	68	28.867	74	29.593	49	33	20.766	39	22.808	85	6	5.417	8	7.020
14	67	28.733	73	29.481	50	32	20.389	38	22.492	86	5	4.580	7	6.230
15	66	28.595	72	29.365	51	31	20.000	37	22.167	87	5	4.580	7	6.230
16	65	28.453	71	29.246	52	30	19.600	36	21.832	88	4	3.717	6	5.417
17	64	28.306	70	29.123	53	29	19.188	35	21.487	89	4	3.717	6	5.417
18	63	28.156	69	28.997	54	28	18.764	34	21.132	90	4	3.717	5	4.580
19	62	28.000	68	28.867	55	27	18.327	33	20.766	91	3	2.829	5	4.580
20	61	27.840	67	28.733	56	26	17.877	32	20.389	92	3	2.829	4	3.717
21	60	27.676	66	28.595	57	26	17.877	31	20.000	93	3	2.829	4	3.717
22	59	27.506	65	28.453	58	25	17.413	30	19.600	94	3	2.829	3	2.829
23	58	27.331	64	28.306	59	24	16.936	29	19.188	95	2	1.913	3	2.829
24	57	27.151	63	28.156	60	23	16.444	28	18.764	96	2	1.913	3	2.829
25	56	26.965	62	28.000	61	22	15.937	27	18.327	97	2	1.913	3	2.829
26	55	26.774	61	27.840	62	21	15.415	26	17.877	98	2	1.913	2	1.913
27	54	26.578	60	27.676	63	21	15.415	26	17.877	99	2	1.913	2	1.913
28	53	26.375	59	27.506	64	20	14.877	25	17.413	100	2	1.913	2	1.913
29	52	26.166	58	27.331	65	19	14.324	24	16.936	101	2	1.913	2	1.913
30	51	25.951	57	27.151	66	18	13.754	23	16.444	102	1	0.971	2	1.913
31	50	25.730	56	26.965	67	17	13.166	22	15.937	103	1	0.971	2	1.913
32	49	25.502	55	26.774	68	17	13.166	21	15.415	104~	1	0.971	1	0.971
33	48	25.267	54	26.578	69	16	12.561	20	14.877					
34	47	25.025	53	26.375	70	15	11.938	19	14.324					
35	46	24.775	52	26.166	71	14	11.296	18	13.754					

［注］平均余命年数は「第22回生命表」による平均余命の年数とし、その年数に1年未満の端数があるときは、これを切り下げた。

242

別表Ⅲ　全年齢平均給与額（平均月額）

男子	409,100円	女子	298,400円

別表Ⅳ　年齢別平均給与額（平均月額）

年齢	男子	女子		年齢	男子	女子
歳	円	円		歳	円	円
18	193,200	171,100		46	471,700	325,300
19	211,400	188,800		47	477,600	326,500
20	229,600	206,500		48	480,400	326,600
21	247,900	224,200		49	483,300	326,800
22	266,100	241,900		50	486,100	326,900
23	277,100	249,600		51	489,000	327,100
24	288,000	257,200		52	491,900	327,200
25	298,900	264,900		53	490,100	325,900
26	309,800	272,600		54	488,400	324,600
27	320,700	280,300		55	486,600	323,300
28	330,500	283,000		56	484,800	322,000
29	340,200	285,700		57	483,100	320,700
30	350,000	288,400		58	458,000	309,200
31	359,700	291,200		59	432,900	297,700
32	369,500	293,900		60	407,800	286,300
33	377,900	296,600		61	382,700	274,800
34	386,300	299,300		62	357,600	263,300
35	394,600	302,100		63	345,000	257,400
36	403,000	304,800		64	332,300	251,600
37	411,400	307,500		65	319,700	245,700
38	418,800	310,100		66	307,000	239,800
39	426,200	312,600		67	294,300	233,900
40	433,500	315,100		68	292,300	234,400
41	440,900	317,700		69	290,200	234,800
42	448,300	320,200		70	288,200	235,200
43	454,100	321,500		71	286,100	235,600
44	460,000	322,700		72	284,100	236,100
45	465,900	324,000		73〜	282,000	236,500

（注）本表は、平成30年賃金構造基本統計調査第1表産業計（民営＋公営）により求めた企業規模10〜999人・学歴計の男女別の年齢階層別平均給与額（臨時給与を含む。）をその後の賃金動向を反映するため1.003倍し、その額に100円未満の端数があるときは、これを四捨五入したものである。

参考　仮渡金の金額（自賠法施行令第5条）

　仮渡金の金額は、死亡した者又は傷害を受けた者1人につき、次のとおりとする。

1．死亡した者………………………………………………………… 290万円

2．次の傷害を受けた者……………………………………………… 40万円

　　イ　脊柱の骨折で脊髄を損傷したと認められる症状を有するもの

　　ロ　上腕又は前腕の骨折で合併症を有するもの

　　ハ　大腿又は下腿の骨折

　　ニ　内臓の破裂で腹膜炎を併発したもの

　　ホ　14日以上入院することを要する傷害で、医師の治療を要する期間が30
　　　　日以上のもの

3．次の傷害（前号イからホまでに掲げる傷害を除く。）
　　を受けた者…………………………………………………………… 20万円

　　イ　脊柱の骨折

　　ロ　上腕又は前腕の骨折

　　ハ　内臓の破裂

　　ニ　病院に入院することを要する傷害で、医師の治療を要する期間が30日
　　　　以上のもの

　　ホ　14日以上病院に入院することを要する傷害

4．11日以上医師から治療を要する傷害（第2号イからホまで及び前号のイ
　　からホまでに掲げる傷害を除く。）を受けた者 ………………… 　5万円

資料8　車両損害の評価損判例

評価損の肯定例

No.	判決日 / 裁判所 / 出典	要旨	車種 / 購入～事故日までの期間 / 走行距離	修理費 / 評価損として認めた額 / 備考
1	H13.3.21 神戸地裁 交通民集34-2-405	本件車両は、本件事故により雨漏りがするようになり、日本では修理が不可能であるといわれており、修理によってもなお回復し得ない損傷があるものとして、車両の価値は低下することは明らかであるところ、本件車両が平成3年製の車であり、全塗装していることを考慮すると日本自動車査定協会の推定査定額4,550,000円と事故差損査定額3,015,000円の差額1,535,000円を評価損とするのが相当。	メルセデスベンツ500SL 8年	1,535,000円
2	H17.11.16 東京地裁 週刊自保新聞1977	本件事故の結果、リアバンパー、トランクなどの取り替えを余儀なくされたことが認められるところ、これらの諸事情を総合すると本件事故と相当因果関係のある評価損としては、修理費の2割に相当する14万2251円を認めるのが相当である。	メルセデスベンツS5001ong 1年 1万km弱	711,259円 142,251円
3	H17.11.16 東京地裁 週刊自保新聞1977	本件事故による修理見積額は1,555,922円であること、走行キロ数は981kmであること、財団法人日本自動車査定協会による被害車両の減価額の評価は585,000円とされているが、その証明書による修理見積額が2,079,074円とされており、前記修理費見積額より52万円余り高いことなどを考慮すると、修理費見積額1,555,922円の3割弱である460,000円が相当である。	メルセデスベンツCLK200 1月 981km	1,555,922円 460,000円
4	H18.1.19 岡山地裁 交通民集39-1-40	財団法人日本自動車査定協会算定額（255,000円）を参考にしつつ、損傷の部位・程度、車種、初度登録からの経過期間、走行距離等を総合して、修理見積り額の約20%相当（165,000円）を認めた。	ホンダステップワゴン 38,600km	911,799円（見積り） 165,000円
5	H18.1.24 東京地裁 交通民集39-1-70	車両の損傷の程度について、軽微であるとはいえないものの、フレーム等の車体の本質的構造部分が損傷したものではなく、復元修理が可能であること、他方、被害車両の初度登録が平成16年3月であり、本件事故発生当時4ヶ月が経過していたに過ぎず、走行距離も5576kmに過ぎなかったことが認められ、これらの事情を総合考慮すれば、評価損は修理費の3割（538,524円）が相当である。なお、修理業者作成の個別査定書、財団法人自動車査定協会作成の「中古自動車事故減額証明」と題する書面を提出して評価損の額を主張するが、いずれも、価額査定の根拠や相当性が明らかであるとは言えないから、直ちに上記各書面記載の査定価格に基づき評価損を算出することはできない。	BMW 4月 5,576km	1,795,080円 538,524円
6	H18.9.22 京都地裁 自保ジャーナル1678	初度登録4年半経過、47,741Km走行の並行輸入ベンツの右側面後部フェンダー等が損傷し、350万円の格落ち損害を請求する事案につき、損傷は骨格部分に及んでおらず、修理1年後も使用し、走行しており、正規本体購入価額が1774万円の高級輸入車である等から約172万円の修理費30%を格落ち損と認めた。	ベンツ（並行輸入） 4年半 47,741km	1,720,000円 修理費の約30%

No.	判決日	要旨	車種	修理費
	裁判所		購入～事故日までの期間	評価損として認めた額
	出典		走行距離	備考
7	H20.6.18	初度登録5年5か月、時価785万円のポルシェが右リアフェンダー等146万円余の修理費損害を負った評価損につき、「15万円と認める」とした。	ポルシェ 996C4S	1,460,000円
	東京地裁		5年5月	150,000円
	自保ジャーナル1746		28,504km	
		【判断要旨】被害車両は、右リアフェンダ、右後輪タイヤ等を損傷し、その修理に1,466,924円を要したことの他、証拠によれば、被害車両は平成14年4月に初度登録されたポルシェ996C4Sであり、初度登録から約5年5月で本件事故に遭っていること、本件事故後の平成19年9月12日時点での走行距離が28,504kmであること、被害車両の本件事故時の時価額は785万円であることが認められるところ、これらの事実によれば本件事故と相当因果関係のある被害車両の評価損は15万円と認めるのが相当である。		
8	H20.7.17	初度登録平成4年、原告購入時既に14年経過のポルシェカレラの時価約500万円に被告原付自転車が衝突、左ドア等385,319円の修理費損害を生じた事案につき、「商品価値の下落が生じた」として、修理費のほぼ半額に相当する200,000円を評価損と認めるとした。	ポルシェカレラ E-964A	385,319円
	横浜地裁		14年	200,000円
	自保ジャーナル1753		26,300km	修理費の約半分
		【判断要旨】原告車は初度登録平成4年で原告が購入した時点でも既に14年経過しているが、それでも約500万円という高価額で売買されたものであり、こうしたタイプの車の愛好家にはなお魅力があり、希少価値もあるものとみることができる。 我が国において、事故歴があるというだけで下取り価額が低下することが多いことはよく知られた事実であり、本件の原告車の場合、初度登録からは年数が経過しているとはいえ、なおかなりの高価額で売買されているのであるから、本件の事故歴によって商品価値の下落が生じる可能性は十分認められる。 希少価値のある車の場合には、外観や機能への影響が認められない本件程度の事故歴であっても、それが評価損に大きく影響するのかという点については、事故後の原告車の評価損が10ないし15%減額されるとの証明書は、本件事故による損傷の程度を前提とするものなのかについての疑問があり、この見解をそのまま採用することはできず、他に本件事故歴によって原告車の評価損が事故歴がない場合の評価額から10ないし15%程度も減額されるとの事実を認めるに足りる証拠はない。 そこで、修理費用のほぼ半額に相当する20万円を評価損と認めるのが相当と判断する。		
9	H20.3.27	「前にも修理歴があった」ことで、約40年のビンテージカーの評価損を修理費の50%、約45万円を認めた。	ビンテージカー アルファロメオ TZ-1	903,000円
	大阪地裁		40年	451,500円
	自保ジャーナル1753			修理費の半額
		【判断要旨】被害車両は、ビンテージカーとしてその希少性から愛好者の間で需要が高く、相応に高額の転売価値がある車両であったこと、今後、本件事故による修理歴等により、低査定を受けるおそれがあることが認められ、修理によっても回復し得ない価値の低下があったものとみて良く、一方で同認定のとおり被害車両には本件前にも修理歴があったことをも斟酌し、修理費用の50%に相当する金額の限度で本件と相当因果関係がある評価損と認めるのが相当である。		

No.	判決日	要旨	車種	修理費
	裁判所		購入〜事故日までの期間	評価損として認めた額
	出典		走行距離	備考
10	H20.8.20	初度登録3ヶ月、走行距離1,000km未満のポルシェボクスターが争いない損傷修理費約303万円を負った事案につき、商品価値の下落が見込まれるとして、評価損は100万円を下らないと認定した。	ポルシェボクスター−S	3,030,000円
	横浜地裁		3か月	1,000,000円
	自保ジャーナル1772		1,000km未満	
		【判断要旨】原告車両がポルシェボクスターSという高級外車であり、本件事故当時、原告車両の走行距離はわずか1000km未満で、初年度登録から3か月たらずの新車であったこと、損傷部位は、外見上軽微にみえるが、サイドメンバーという骨格部分の交換を要していることから、躯体重要部分に損傷が及んでいること、原告車両の購入価額は不明であるが、1,000万円を下回らないと解されるところ、売却価格の下落額は、ディーラーによる修理歴による下落は100万円程度と概略見積もられていることにより、これを評価損として認めるべきである。 他方、修理代金の2分の1にまで評価損が及ぶことについては立証がない。		
11	H21.1.23	修理後に車両の外観ないし機能に欠陥が残存したことを認めるに足りる証拠はない。被害者は車両が不調であることを述べるが、かかる不調が本件事故と因果関係があるものと認めるに足りない。 被害車両においては、本件事故により事故歴が付加されたことによる市場価値の下落が生じたものと認めるのが相当である。	ベンツML320	2,096,690円
	名古屋地裁		3年8月	200,000円
	交通民集42-1-38		57,000km	
12	H21.1.30	初年度登録から約4ヶ月後のポルシェカレラ（購入価額1599万円余）につき、修理費（222万3,273円）の約7割に相当する150万円の評価損が認められた事例。	ポルシェカレラ911	2,223,273円
	大阪高裁		4月	1,500,000円
	判例時報2049-30			
		【判断要旨】本件事故によって大きな衝撃を受けてその枢要部分である左右リヤサイドメンバーとリヤクロスメンバーに損傷が及んでおり、最新の設備と高度な技術を持ってする修理が完了した後も技術上の限界から機能上の損傷が完全には回復していない可能性が否定できない。 本件車両は純粋のスポーツカーとして製造された高性能の超高級輸入車でモノコックシェル構造をその特質としているところ、その修理には切開、伸縮及び加熱等の作業を必要としたため、周辺部に熱が波及し歪等が生じることは避けがたく、修理作業に遅れて生じる破壊現象等が出る可能性もあり、また、電子部品に対する本件事故の衝撃で今後傷害が発生する可能性も否定できない。 本件事故によりポルシェによる長期品質保証が外れてしまう。 取り扱い業者からはサーキット走行等の高速走行は避けた方が良いと言われ、また、控訴人自身も高速運転走行性能が大きく低下したと判断せざるを得ない程度に、修理完了後も技術上の限界から本件車両の機能上の損傷が完全に回復していない可能性が否定できない状況にある。		
13	H21.5.27	初度登録2年の新車価格1263万円、事故当時中古車価格805万円、34,000km走行、195万円の修理費損害を負ったジープに類似した箱型のベンツの評価額を修理費用の2割と認定した。	メルセデス・ベンツ　G500L	1,951,950円
	京都地裁		2年	390,390円
	自保ジャーナル1803		34,000km	
		【判断要旨】原告車が本件事故により被った損傷の部位、程度は、車体の本質的な構造部分に及んでいるとはいえないものの、必ずしも軽微ということはできないこと、原告車が単に高級車というだけではなく、ジープに類似した箱形の形状であって、流通量の多い車種でないことが認められることからすると、修理によっては回復することが困難ないわゆる評価損の損害を被ったものと認めることができ、認定の事実関係によれば、その金額は上記修理費用の2割にあたり390,390円と認めるのが相当である。		

No.	判決日 / 裁判所 / 出典	要旨	車種 / 購入〜事故日までの期間 / 走行距離	修理費 / 評価損として認めた額 / 備考
14	H21.10.20 東京地裁 自保ジャーナル1819-93	サーキット仕様の初度登録15年のポルシェは、他に同種の車両を観念しにくい、客観的な時価は不明に加えて、購入価額不明、初度登録15年度修理費315万円程度から民事訴訟法248条により評価損は50万円と認めた。 【判断要旨】原告車については、原告により原告車購入時の価額の客観的資料がない上、原告車の事故時の価額や事故による損傷状況の詳細は判然としない。加えて原告車には他に同種の車両を観念しにくい車両であることも考慮すると、その客観的時価は不明と言わざるを得ず、評価損も画一的に計算することは難しい。 しかしながら、原告車がサーキットで走ることのできるポルシェであり、馬力の大きい外車であることを考えれば、相当な価額であることは容易に推測することができる。 そうすると本件に現れた一切の事情を考慮し、民事訴訟法第248条により認定するのが相当であり、本家事故による評価損は50万円と認める。	クレーマーポルシェ 15年	2,100,893円 500,000円
15	H22.2.19 名古屋地裁 交通民集43-1-217	被害車両には技術上の評価損（修理しても外観や機能に回復できない欠陥）はないというべきであるが、本件事故前の状況（比較的高額な時価、車種）や修理の規模に照らし、事故歴による取引上の評価損は生じていると認められるが、このような性質の評価損にとどまることに加え、その後も被害者自身が買い換えをせずに被害車両の使用を続けていることなどを考えれば、その評価損は修理費用の1割強である20万円と認めるのが相当である。 ちなみに、被害者請求にかかる評価損は50万円。	アウディ 2年9ヶ月 47,365Km	1,642,914円 20万円 修理費用の1割強
16	H22.5.11 神戸地裁 自保ジャーナル1837-110	評価損の損害は、事故時に発生し、約2年、9,938km走行、骨格に及ぶエスティマの評価損を修理費用の20%と認めた。 【判断要旨】原告車両は本件事故当時、初度登録から23ヶ月ほどで総走行距離は9938kmであり、使用歴が特に短かったとはいえないものの、本件事故により車体前部に損傷を受けたため、新車価額321万円の約40%である1,252,600円の費用を要する修理が施され、この中にはサイドメンバー、クロスメンバーの修理が含まれており、これらは車体の骨格にあたる部位の修正及び交換として中古車販売業者に表示義務が課されていることに照らすと、本件事故により原告車両が受けた損傷は車体の骨格部分にまで及ぶ程度のものであったことが認められる。 以上の事実を総合考慮すると、原告車両の評価損は修理費用1,252,600円の26%に相当する250,520円と認めるのが相当である。	トヨタ・エスティマ（ゴールド） 2年 9938km	1,252,600円 250,520円 修理費用の20%
17	H22.6.14 大阪地裁 交通民集43-3-770	自動車公正競争規約上の表示義務の対象である左右のリアサイドメンバー及びルーフクロスメンバーの損傷、同車種の新車価額（335万円）などの要素を考慮し、修理費の20%である262,500円を認めた。	フォルクスワーゲンゴルフ 2ヶ月 3,761km	1,312,500円 修理費の20%

No.	判決日 裁判所 出典	要旨	車種 購入〜事故日まで の期間 走行距離	修理費 評価損として 認めた額 備考
18	H22.7.9	トヨタアルファードの損害につき損傷が基本的構造部分にも及んでいるとして修理費用の約10%の評価損を認めた。	トヨタ・アルファード	1,927,936円
	名古屋地裁		3年半	192,794円
	交通民集 43-4-849		43,974km	修理費用の 10%
		【判断要旨】トヨタアルアファードの損害につき、事故による初度登録から約3年半経過しているものの、時価が233万5000円とかなり高額であること、損傷が基本的構造部分にも及んでおり、修理費用も192万7936円と高額であることから修理費用の約10%の19万1794円の評価損を認めた。		
19	H22.12.27	登録3ヶ月150万円の大衆乗用車の評価損は修理費の10%と認めた。	国産大衆車	552,135円
	横浜地裁		3ヶ月	52,584円
	自保ジャーナル1850-147		704km	修理費用の 10%
		【判断要旨】本件事故当時原告車両はまだ登録後3ヶ月余りであり、原告は早期に買い換える予定があったわけではなく、修理後も原告車両を使用しているのであるから、修復歴によって修理完了時点で商品価値の下落が生じたとしてもその価値の下落は現実化していない。また原告車両は国産大衆車であり、中古車市場に於いて付加価値のある車両ではない。 以上の点からすれば本件事故による修復歴によって原告車両の商品価値が下落したことは認められるとしても、それは損害は修理代551,235円から消費税分を控除した525,843円の10%である52,584円と認めるのが相当である。		
20	H24.10.16	ディーラーの査定による下取り価格は業者間の転売の難易度等の守株の事情を考慮した上での価額であり、その査定減少額をもって直ちに評価損分と捉えるのは相当でないとし、初年度登録の時期、走行距離、事故による損傷の程度、実際には修理せず下取りに出して同種の新車を購入していることを考慮して、修理費用の40%相当と認定。	レクサスLSセダンUSF40	1,021,314円
	大阪地裁		5ヶ月	408,525円
	交通民集 45-5-1261		9099km	修理費用の 40%
		【判断要旨】本件事故により原告車の後部は隣接パネル、骨格部位に損傷が大きく波及していたこと、原告代表者は原告車を実際には修理することなく、下取りに出し、同種の新車を購入したこと、購入先のディーラーは原告車が本件事故にあわせば下取価格が6,405,000円であり、修理されなかった4,200,000万円と場合の下取り価格がとなると予想したことが認められる。 ところで、前記の下取り価格は業者側の転売の難易等の種々の事情を考慮した上での価格と解され、原告車の修理後の車両価格を端的に示すものとはいえず、またその評価の根拠も示されていない。 本件事故において、原告車が事故に遭ったのが、初度登録約5ヶ月、走行距離が1万kmに満たないこと、骨格部位に損傷が波及していたことなどを考慮。 修理費の40%相当。		
21	H25.3.22	事故によりマフラー等に損傷が生じ、マフラー修理ではマフラー全体の交換ができず、部品をつなぎ併せて修理すれば、事故歴が明らかとなり、被害車両には本件事故による商品価値の下落が認められ、評価損が発生していると認定し、修理箇所は躯体などの構造部分に及んでいない等から修理費の約3割にあたる105万円であるとした。	ロールスロイス・ファントム	3,487,970円
	大阪地裁		2002年10月	1,050,000円
	自保ジャーナル1905-157		31,100Km	修理費用の 3割

No.	判決日 / 裁判所 / 出典	要旨	車種 / 購入〜事故日までの期間 / 走行距離	修理費 / 評価損として認めた額 / 備考
22	H25.2.1 京都地裁 交通民集 46-1-193	FRP製の遊漁船の評価損として、同船は15年前に約1700万円程度で新造購入されたものであること、修理後も左舷中央部に一見して判明する損傷が残ったこと、事故歴もあることにより取引価格に一定の減価が生じたこと等から修理によっても回復されない交換価値の下落分として修理費用の約10%（35万円）を認定。	遊漁船 15年	3,675,000円 350,000円 約10%
23	H26.8.26 大阪地裁 交通民集 47-4-1038	修理後の被害車両に外観・機能上の不都合が残存しないとはいえないものの、事故歴によって一定の取引価額下落が生じるものと認められる 業者ないし査定機関が付した減点査定の内容について、当然に評価損として認められるわけではなく、車両損害の規模をある程度示す性質のある修理費用を基準に諸般の事情を考慮してその一定割合について取引上の評価損として認定するのが相当である。	アウディ 2年 39,385km	660,000円 132,000円 20%
24	H26.12.3 東京地裁 自保ジャーナル1939-125	被害車両には、現に機能上又は構造上の障害が残存しているとはいえないものの、シャシーフレームが曲損したこと、修理業者からフレーム修正が原因で発生した架装物の故障に対する一切の補償はない旨の書面が差し出されていること、被害車両が塵芥車でありボディー部分が精密機械であること、塵芥車とはいえ売買されることがないとはいえないこと、初度登録から約2年であることから、取引上の評価損が生じないとはいえないと判断した。 そして、その金額としては、塵芥車について一般的な中古車市場が存在しないこと等も考慮し、修理費の約1割である42万6000円を認めた。	塵芥車 約2年	4,260,207円 426,000円
		【判断要旨】一般財団法人日本自動車査定協会により、本件事故の損傷による外板価値減価額が54万9,000円と評価されたことが認められ、同額は本件事故と相当因果関係のある損害と認められる。		
25	H29.3.27 東京地裁 交通民集 50-6-1641	被害車両は製造から48年経過しており、板金修理による通常の車両以上の強度低下のおそれが考えられること、実用よりも美観等が重視されるクラシックカーであることから事故による修復歴の影響が軽視できないこと、被害車両は職人の手作業によるフレーム修正の可能性があること等を考慮し、被害車両を修理したとしても、修理費の約7割である300万円を評価損を生じると認めた。	1966年製メルセデスベンツ250SEカブリオレ 41年11箇月	4,300,401円 3,000,000円

No.	判決日 裁判所 出典	要旨	車種 購入〜事故日までの期間 走行距離	修理費 評価損として認めた額 備考
26	H29.11.2	被害車両の初度登録の時期、走行距離、被害車両が新車価格で1236万6000円（税抜）であること等を総合考慮し、修理費の約20％である109万円を評価損と認めた。	事業用中型貨物自動車（10トン、低床、テールゲート、ウイング付き）	5,454,767円
	横浜地裁		1年1箇月	1,090,000円
	自保ジャーナル2017-150		87661km	修理費の約20％
		【判断要旨】原告は、被害車両の中古車店頭相場価格と買取査定金額との差額及びそれに対する消費税を評価損として請求するものの、これらの金額は一社のみの評価であり、その評価の詳細な理由やそれを基礎づける客観的資料がないため、前記金額は採用することはできない。 もっとも、被害車両の初度登録の時期、走行距離に加え、被害車両が新車価格で1236万6000円（税抜）であること等を総合考慮すれば、修理によってなお減価が生じると考えられ、金額としては修理費の約20％である109万円が相当である。		
27	H29.11.28	被害車両は、1080万円での売却が予定されていたところ、本件事故による損傷が原因で売却価格が750万円となったため、原告はその差額を評価損だと主張していたが、裁判所はレッドブックの評価額（854万円）と売却額の差額104万円を評価損と認めた。 売却予定額との差額請求が認められるためには、事故前の価額と修理後の売却価額が適正であること及び事故前に当該事故車両を売却する予定があったことの立証が必要とする名古屋地判平成19年7月11日と整合。	レクサス	1,963,702円
	東京地裁		2年	1,040,000円
	自保ジャーナル2014-149		28947km	
		【判断要旨】被害車両の新車購入時の本体価格は1115万円、オプション・付属品を加えた販売価格でも1231万3040円であったが、レッドブックの評価額が854万円であること及びリース中途解約時の車両売却代金が324万円であることから、1080万円という価格は適正な時価とみるには過大であるといわざるを得、原告主張の被害車両売買により得べかりし利益をそのまま本件事故による損害と認めることはできない。レクサスのディーラーによる査定において、被害車両の下取価額が460万円（税別）とされていることに照らすと、750万円という売却代金は本件事故後の被害車両の時価を下回るものではない。 被害車両は、本件事故当時は854万円の価値を有していたのに、本件事故に遭ったことにより、本件事故による損傷の修理をしても回復されない交換価値の低下を来しており、その低下額は104万円（854万円−750万円）を下らないと認めることができるから、原告には被害車両の取引上の評価損として104万円の損害が生じたものと認められる。		
28	H31.4.23	裁判所は修理費用の3割255万円程度を概ね相当と考えたが、当事者が提出した見積額の差額が120万円ないし550万円であることも参考にして、これらの概ねの平均額300万円を評価損とした。	大型冷蔵冷凍庫	約8,500,000円
	長野地裁飯田支部			3,000,000円
	ウェストロージャパン			
		【判断要旨】原告は、被害車両に事故歴がないことを前提に見積もった価格と、事故歴があることを前提に見積もった価格の差額を評価損と主張した。しかし、各見積書には、具体的にどのような計算によってその価格を算出したのか計算方法が示されていないまた、被告提出の別業者の引取査定を見ると業者間においてばらつきがあることも明らかである。そのため、原告提出の見積書の差額をそのまま評価損害額として認定することは、損害額算定の客観性に欠ける。 裁判所は、リース車両であること、推定走行距離がおよそ65万kmであること、車体に歪みの生じるような損傷であること、修理費用が相当高額であること、等の事情から修理費用の3割255万円程度を概ね相当と考えた。もっとも、当事者が提出した見積額の差額が120万円ないし550万円であることも参考にして、これらの概ねの平均額300万円を評価損とした。		

No.	判決日	要旨	車種	修理費
	裁判所		購入〜事故日までの期間	評価損として認めた額
	出典		走行距離	備考
29	R1.7.19	損傷の部位が骨格部分に及んでいないにもかかわらず、修理費用の1割を評価損と認めた。	ポルシェ G2H40A パナメーラターボ	1,075,356円
	東京地裁		4箇月	107,535円
	ウェストロージャパン			
		被害車両が高級外車であり、事故時に初度登録から4箇月も経過していなかったことからすると、本件事故による修理によって経済的価値の減少が生じたと認められる。もっとも、損傷の部位が骨格部分に及んでおらず、ドア交換により機能が回復されていることに鑑みると、修理費用の1割を評価損と認めるのが相当である。		
30	R1.11.26	被告は、被害車両がタクシー業務に利用されていることから、中古車の転売等が予定されておらず、交換価値が高価であることは期待されていないため、評価額は認められないと主張した。 しかし、裁判所は、タクシー業務に利用されているからといって評価損が不発生とは認めず、また、買替え時に交換価値が高価であることが期待されるか否かによって、評価損が生じるかが左右されるわけではないとした。	タクシー 国産大衆車	969,700円
	仙台地裁		4箇月	96,970円
	自保ジャーナル2065-121			
		【判断要旨】被害車両は、本件事故により、車両の骨格部分まで損傷していること、国産大衆車であるものの初度登録から4箇月程度しか経過していないことからすると、タクシー業務に利用されていたことを考慮しても、本件事故による評価損としては、修理費用の1割である9万6970円をもって本件事故と相当因果関係のある損害と認めるのが相当である。 被告の主張に対しては、タクシー業務に利用される車両についても中古車市場があることが認められることからすると、被害車両がタクシー業務に利用されているものであることをもって直ちに評価損が生じないものとは認められない。また、評価損は、事故当時の車両価格と修理後の車両差額をいうのであるから、対象車両の買替え時に交換価値が高価であることが期待されるか否かによって、評価損が生じるかが左右されるものとも認められない。		

評価損の否定例

No.	判決日 / 裁判所 / 出典	要旨	車種 / 購入～事故日までの期間 / 走行距離	修理費 / 評価損として認めた額 / 備考
1	H1.6.27 横浜地裁 交通民集22-3-727	被害車（普通乗用車）の修理後の減価（格落ち損害）として、25万2,000円を認めた事例（修理費用は94万3,850円）。	普通乗用車	943,850円 252,000円
2	H14.5.20 東京地裁 交通民集35-3-690	新規登録後4年近く経過し、9万km以上走行した車両につき、財団法人日本自動車査定協会作成の証明書に記載された事故減価額11万円は算出根拠が明らかでないとして採用せず、評価損を認めなかった事例。	日産シーマ 2003年10月 90,162km	212,520円 0円
3	H16.4.22 東京地裁 交通民集37-2-519	初度登録から12年以上経過していること、被害者が購入した価額が70万円であること、損傷の程度も比較的軽微であり、その部位も機能等に影響がないことなどを理由として事故との相当因果関係のある評価損としては認めなかった。	普通乗用車（トヨタスープラ） 12年以上	572,250円 0円 慰謝料も否定
4	H21.12.24 東京地裁 自保ジャーナル1821-104	ベンツが左後方からの自動二輪車に衝突され、左リアドアシェル取替等修理費60万円余りの損害の評価額につき、初度登録3年が経過、53,000km走行のうえクレジット会社が所有権留保していた等から原告が評価損を取得することはできない。	メルセデス・ベンツ 3年 53,000km	603,057円 0円
		【判断要旨】評価損は車両の交換価値を把握している者が取得すべきところ、本件事故時にはE会社が原告車両の所有権を留保していたのであり、仮に評価損が発生したのであれば、E会社が取得すべきものであるから、原告が評価損を取得することはない。		
5	H22.3.17 東京高裁 自保ジャーナル1825-84	登録2年目、走行距離7274kmのフェラーリが追突されて315万円の修理費損害を負った場合の評価損につき、業者間では修理後の車両を修復歴の判定の損傷の度合等により異なる場合があるが、原告の業者への売却にも修復歴はない旨の記載のように外観や機能の欠陥はほぼ回復していたし、業者の買取価額も一般的な店頭販売価額の92.7％と廉価で買い取られたとまでいうのは困難など、評価損が生じたことが的確に証明されたとはいえないと登録2年目のフェラーリの評価損を否認した。	フェラーリ F430スパイダーF1 1年3ヶ月 7,274km	3,151,092円 0円
		【判断要旨】原告車は修理により外観や機能の欠陥はほぼ回復していた。 原告が本件事故後、修理済みの原告車を中古車買取り業者に売却した際、原告車には修復歴がない車両として取り扱われ、その後も修復歴がないものとして販売されている。 中古車買取り業者が原告から原告車を買い取った価額は、その当時の原告車と同種・同型年式の車両の一般的な店頭販売価額の約92.7％であり、中古車買取り業者は通常、買い取り価額に利益分を上乗せして買い取り車両を販売することを考えると、上記買い取り価額と一般的な店頭販売価額との上記程度の差をもって、原告車がその修復歴のため本来の時価よりも廉価で買い取られたとまでいうのは困難。		

No.	判決日 / 裁判所 / 出典	要旨	車種 / 購入～事故日までの期間 / 走行距離	修理費 / 評価損として認めた額 / 備考
6	H22.11.16 横浜地裁 自保ジャーナル1846-136	修理費損害約120万円の大型自動二輪車・タイタン車の評価損は7年使用、修理で回復するとして否認した。	タイタン 米国製大型自動二輪車 7年	1,192,074円 0円
		【判断要旨】原告車両は平成12年式のアメリカタイタン車で、現在は製造中止となり、新規に同車種を購入することは困難である。 原告は平成13年11月に約300万円で展示してある試乗車を購入し、7年くらい使用していたことが認められるが、部品の取替え等の修理により、損傷箇所は原状に回復するのが通常であり、走行性能等に特段の事情が生じるものとは認められないこと、すでに7年使用していることからすれば、評価損が発生したものとは認められない。		
7	H23.7.14 名古屋高裁 判例時報2139-12	被害者が主張する評価損の内容は明確でない点があるが、まず、修理上の評価損については、価額の減少があるとは認められない 次に本件見積書に記載された修理内容を踏まえても、社団法人自動車公正取引協議会の定める事故歴の表示を要する修理事項はリアフレームだけであり、取引上の評価損を認定することはできない	ランボルギーニ社 ムルシエラゴ 1年10ヶ月	修理費を認める証拠なし 0円
8	H29.9.15 名古屋地裁 交通民集50-5-1191	当初、修理を検討するも最終的に修理せず買換えとなった被害車両（メルセデスベンツSクラス）の損害につき、修理費用として68万4780円は争いがなく、評価損については、初度登録は事故の9年前、走行距離は8万2,403kmであったこと、事故によりフロントバンパーがやや変形するなどにとどまり、骨格部位は損傷していないとして認めなかった。	メルセデスベンツSクラス 9年 82,403km	684,780円 0円
		事故によりフロントバンパーがやや変形するなどしたにとどまり、骨格部位は損傷していないとして認めなかった。		
9	H30.8.2 横浜地裁 交通民集21-4-938	初度登録から8年余り経過している被害車（ベントレー、走行距離77,400km）の損傷の程度からは、骨格部分に及んだ損傷は認められないこと、修理が大規模な取り替えであることから、評価損を765000円とする日本自動車査定協会の事故減価証明書を採用せず、評価損を認めなかった事例。	ベントレー 8年 77,400km	3,677,796円 0円
		被害車両は、初度登録が平成19年6月であり、平成28年6月17日時点での走行距離は77,400kmであったこと、損傷の程度をみても、骨格部分に及んだとは認められないこと、実際に行われた修理も大規模な取り替えであり、評価損の発生は認められない。765,000円とする事故減価額証明書は採用することができない。		

No.	判決日	要旨	車種	修理費
	裁判所		購入～事故日までの期間	評価損として認めた額
	出典		走行距離	備考
10	H30.8.10	残価設定型のリース契約により使用する車両について、リース期間満了した場合でも、車両を返還して残存価格の精算を行う以外にも、リース期間の延長や車両の買取りを選択することも可能であり、リース期間満了時の評価額が不明であることなどの事情から、リース期間満了時の残存価格との差額を負担することによる損害は、口頭弁論終結時においてまだ現実化していないものと言わざるを得ないため、評価損を否定した。	ハイエース	2,106,292円
	横浜地裁		7ヶ月	0円
	交通民集51-4-948		24331km	
		被害者は、本件事故当時、リース会社所有にかかる被害車両をリース契約に基づき使用していた者にすぎないところ、そもそも車両の評価損は車両の交換価値の減少による被害であるから、これに係る損害賠償請求権は、原則として、当該車両の交換価値を把握する所有者に帰属するのであって、その利用価値を把握するにすぎない使用者に帰属するものではない。被害者は、リース期間の満了時に本件事故により生じた被害車両の評価損に相当する397000円を事故負担しなければならないことになるから、被害者には被害車両の評価損に相当する損害が生じている旨主張する。しかしながら、リース期間はなお平成33年7月まで残存していること、リース期間が満了した場合でも、被害者は被害車両を返還して残存価格の清算を行うことのほか、リース期間の延長や車両の買い取りを選択することも可能であること、本件事故による被害車両の評価損につき、平成29年9月5日の時点で397000円との査定が可能であっても、リース残存価格との差額が確定するリース期間満了時における当該評価損の額は不明であることなどの事情からすれば、被害者が主張する上記残存価格との差額を負担することになる損害は、本件口頭弁論終結時の平成30年5月30日の時点においていまだ現実化していないものと言わざるを得ず、これについての損害賠償請求を認めることはできない。		

資料9　就労状況の明細説明書

月日	就労時間	場所	就労内容	同席した同僚などの名前
月／日				
／				
／				
／				
／				
／				
／				
／				
／				
／				
／				
／				
／				
／				
／				

（この様式で事故直前の2週間分程度を聞く。虚偽の内容は困難である）

資料10　各種通知文書例

文例①（病院への連絡①）

令和　　年　　月　　日

（病院）

殿

（被害者）

殿

〇〇保険株式会社
担当者

御連絡

　貴院で、お世話になっております　　　　　　殿の治療につきましては、当社に保険契約がございますので、事故の損害賠償として正当な範囲においてはこれを貴院に直接御支払いする用意があります。

　ただ、本件につきましては、次の（　　　　　）の点に問題があり、貴院における治療費の全額の御支払いについては、今後の検討の対象となりますので、予め念のため御連絡いたします。

記

1、過失相殺事案であること
2、心因性の要因が伺われ、事故との相当因果関係が疑われること
3、私病の疑いがあること
4、治療の方法、内容（　　　　　　　　　）に疑問があること
5、すでに症状固定とみられること
6、御請求単価に疑問があること
7、当方が報告を受けております事故状況によると、本件事故は極めて軽微なものであり、この程度の衝撃で受傷が起りうるか否かについては、工学的にも医学的にも疑問が呈されており、本件治療が事故との間に相当因果関係が認められるか否かは重大な疑問があること
8、本件は事故状況、受傷内容に鑑み、一般的には長期の入・通院治療は必要としないものと考えられるものであり、その長期化には心因性の要因等事故との関連性（相当因果関係）に疑問があること
9、その他

文例②（病院への連絡②）

令和　　年　　月　　日

（病院）

　　　　　御中

　　　　　　　　　　　　　　　　　　　　　○○保険株式会社
　　　　　　　　　　　　　　　　　　　　　担当者

　　　　　○○殿にかかる治療費の御支払について（御連絡）

　貴院で、お世話になっております　　　　　殿の治療費で、令和　　年
　　月　　日発生の事故による正当なものにつきましては、当方が保険手続を
とってこれを直接貴院に御送金する用意があります。つきましては、診断書、
診療報酬明細書は下記に御送付いただきますようにお願いいたします。
　なお、入院の必要性につきましては、とくに詳しく医学的根拠をお示しい
ただきますようお願いいたします。

　　　　　　　　　　　　　　　　記

〔住所〕

〔会社名〕

〔担当者名〕

文例③（被害者への健保切替要請）

令和　　年　　月　　日

　　　　　殿

　　　　　　　　　　　　　　　　　　○○保険株式会社
　　　　　　　　　　　　　　　　　　担当者

御連絡

　令和　年　月　日発生の交通事故につき受傷されました件につきましては、その後いかがでしょうか。

　ところで、本件について　　　　　　　殿の運転していた事故車につきましては、当社に自動車保険契約があり、本件事故によってあなたが蒙られる治療費、休業補償、慰謝料、その他一切の損害のうち、　　　　　殿が法的に負担しなければならない分につきましては、契約金額の範囲において責任をもってお支払いたします。

　ところで、現在治療を受けておられます治療費の関係ですが、まことに申しあげにくいことではございますが、本件事故は　　　　　　殿の一方的過失によるものではなく、後日相応の過失相殺が問題となるものと思われます。

　ことは専門的なことになりますので、貴殿におかれましても詳しい方におたずねいただきたいのですが、その場合、自由診療で治療を続けられますと、後日結果的にあなたに大変不利なこととなります。

　つきましては、早急に健康保険証を病院の窓口に提出して社会保険、国民健康保険の適用手続をとっていただきますようお願いする次第です。

　まことにぶしつけなお願いであることは十分承知いたしておりますが、ことは急を要しますので、ご連絡させていただく次第です。

文例④（代車に関する連絡）

令和　　年　　月　　日

殿

○○保険株式会社
担当者

御連絡

　令和　年　月　日発生の交通事故につきましては、大変ご迷惑をおかけしました。

　また、本件につきましては、当社に十分な契約もこざいますので、正当な補償は契約金額の範囲において責任をもってさせていただきます。

　当面、お伝えすることは、次の通りです。

1、車の補償は全損扱いとし、お示しの資料等を参考として120万円御支払します。よろしければ、免責証書をお届けしますので、ご検討下さい。

2、代車としてお届けしているレンタカーは通常新しい車の買換期間として2～3週間程度ですが、本件は11月末日までの分を負担しますので、同日までに必ずお返し下さい。万一、12月以降ご利用のときは1日7,000円の割合で上記お支払金より控除してその費用を負担いただくことになりますので申し添えます。

　（反対にそれ以前にお返しいただき示談が成立したときは、その分を追加払いいたします）

3、ご負傷につきましては、治療が一段落いたしましたら、適正な補償をさせていただきますので、治療が一段落しましたらご連絡いただけませんか。

文例⑤（新車要求への回答）

令和　　年　　月　　日

　　　　　殿

　　　　　　　　　　　　　　　　　○○保険株式会社
　　　　　　　　　　　　　　　　　担当者

御連絡

　令和　年　月　日発生の交通事故につきましては、大変御迷惑をおかけいたしました。

　また、本件につきましては、当社に十分な契約もございますので、契約金額の範囲において正当な補償は必ず責任をもってさせていただきます。

　なお、本件は新しい車でという、お気持ちは理解できますが、新車への補償は裁判例、実務の確立した法理により到底無理であります。

　本件は本来は、修理見込額約13万円が補償の基本となり、当社の御提案しました30万円の額は、これをはるかに超えるものではありますので、近日中に円満解決する場合に限り、お支払することといたします。

　念のため、免責証書を同封いたします。

　一度詳しい方とも相談いただいて、よろしければ、所要事項ご記入のうえ、ご返送下さい。

　なお、この免責証書は、令和○年○月中にご返送いただいた場合のみ有効とします。

　また、○○様はこれまで当方に対し、「A組に頼む。A組には気の短い若い者がいっぱいいる」等の発言をされておられますが、そうしたことは暴力団員による不当な行為の防止に関する法律に触れることになると思われますので、警告しておきます。

文例⑥（医療照会同意書）

令和　　年　　月　　日

同 意 書

○○病院　御中

　令和　年　月　日発生の交通事故により受傷した患者　　　に関する医療
情報について、私は、貴院が下記事項を行うことに同意します。
・診断書、診療報酬明細書を（保険会社等）に直接交付すること。
・（保険会社等）又はその代理人から照会があった場合に、患者の傷病名、
　治療内容、治療経過、治療見通し、既往症等について、説明又は回答する
　こと。
・X線、CT等の諸検査資料を（保険会社等）に貸与又は提供すること。

同意者

（住所）

（氏名）　　　　　　　　　　　印

患者との関係（　　　　）

文例⑦（個人情報提供同意書）

令和　　年　　月　　日

同　意　書

△△保険会社　御中

　私は、下記事項について貴社より説明を受け、これに同意しました。

①　貴社が、保険金（損害賠償金）の適正な支払のために、その業務遂行に必要な限度で、事故調査や医療調査を通じて、私に関する情報を取得し、利用すること。

②　貴社が、保険金（損害賠償金）の適正な支払のために、その業務遂行に必要な限度で、上記①の情報を含む私に関する書類等を下記第三者に提供すること。
・事故当事者及び関係する保険会社（共済を含む）
・医療機関、修理業者等の事故関係先
・貴社の代理店、業務委託先及び顧問弁護士

（住所）

（氏名）　　　　　　　　　　　　印
被害者との関係（　　　　　　　）

文例⑧（議事録）

```
                                    年　　月　　日

        殿
                           ○○○○保険株式会社
                           担当 _____
```

　事故の件につきましては御迷惑をおかけしております。
　その後いかがでございましょうか。
　　　月　　日御面談いただきました件につき、打合せメモをお届けします。
できるだけ正確に書きましたが、誤っているところがあれば御連絡下さい。

打　合　せ　メ　モ

1、日時　　　年　　月　　日　　　　時　　分～　　　時　　分
2、場所
3、訪問者
4、相手方対応者
5、御面談の経過
　⑴　当方からの説明
　　①　この事故車には、当社に自動車保険契約がございましたので、○○
　　　様の蒙られた損害で、法的に正当な部分は、加害者の責任の範囲内か
　　　つ契約金額の範囲内ですべて当社より御支払することになります。私
　　　はこのたびその担当になりました、××です。よろしくお願いいたし
　　　ます。
　　②　事故による治療費で正当なものは、当方より病院に直接御支払いた
　　　します。一括払の手続をとりました。
　　③（過失相殺）
　　　　今回の事故の過失割合は今のところは当方○、あなた側○とみてい
　　　ますので、補償において○％の範囲となります。
　　　　ただし、この割合は将来刑事記録などで詳しいことがわかれば再検
　　　討します。
　　④（健保要請）
　　　　あなた側にも過失がありますので、治療は健康保険を御利用いただ

```
```

いた方がいいと思います。保険証を病院に出して頼んで下さい。あとの保険組合などへの手続は私の方でお手伝いします。

 ④－1　その自己負担分は当面は当方から病院に御支払します。

 ④－2　その自己負担分は恐縮ですがそちらで御支払下さい。

 ④－3　そのための内払金としてあらかじめ○○○○円を御送金します。

⑤　自賠責内容の説明

 説明書をお渡しいたしました。

⑥　書類御提出の御依頼

 下記書類の御提出を御依頼いたしました。

⑦　事故車の鑑定のための入庫依頼、その結果の通知、確認

 全損か、分損か

⑧　代車の必要性の聴取と返還期限の確認

 (2)　お伺いした内容と当方のコメント、回答

  (2)－1　次のお話をお伺いしました。

  (2)－2　当方からは次のように申しあげました。

 (3)　双方の約束事項と今後の予定・計画

  (3)－1　当方からお約束したことは次の通りです。

6、問題点

 （相手方の態度、考え方、今後の見通しなどについて担当者の意見を書く）

日弁連交通事故相談センター全国相談所

●印：示談あっ旋・審査業務を行っている本・支部
○印：示談あっ旋・審査業務を行っている相談所
◎印：示談あっ旋を行っている相談所

相談所名	所　在　地	電話番号
●本部	千代田区霞が関1-1-3(弁護士会館14階)	03(3581)4724
●札幌	札幌市中央区北1条西10	011(251)7730
	札幌弁護士会館2階	
新札幌	札幌市厚別区厚別中央2条5丁目	011(896)8373
	サンピアザセンターモール3階	
小樽	小樽市稲穂2-22-4 樽石ビル7階	0134(23)8373
室蘭	室蘭市中島町1-24-11　中島中央ビル4階	0143(47)8373
苫小牧	苫小牧市若草町3-2-7大東若草ビル3階	0144(35)8373
函館	函館市上新川町1-3 函館弁護士会館内	0138(41)0232
旭川	旭川市花咲町4 旭川弁護士会館内	0166(51)9527
釧路	釧路市柏木町4-3釧路弁護士会館内	0154(41)3444
帯広	帯広市東8条南9-1　釧路弁護士会帯広会館内	0155(66)4877
青森	青森市長島1-3-1日赤ビル5階 青森県弁護士会館内	017(777)7285
弘前	弘前市大字一番町8 ライオンズマンション弘前	0172(33)7834
	一番町1階 青森県弁護士会弘前支部内	
八戸	八戸市売市2-11-13　青森県弁護士会八戸支部内	0178(22)8823
●岩手	盛岡市大通1-2-1　サンビル2階 岩手弁護士会内	019(623)5005
●仙台	仙台市青葉区一番町2-9-18 仙台弁護士会館1階	022(223)2383
古川	大崎市古川駅南3-15　泉ビルB101古川法律相談センター内	0229(22)4611
石巻	石巻市穀町12-18　駅前ビル4階 石巻法律相談センター内	0225(23)5451
秋田	秋田市山王6-2-7 秋田弁護士会館内	018(896)5599
●山形	山形市七日町2-7-10　NANA-BEANS 8階	023(635)3648
酒田	酒田市本町2-2-45 酒田市役所2階相談室	023(635)3648
鶴岡	鶴岡市馬場町9-25 鶴岡市役所内	023(635)3648
福島	福島市山下町4-24 福島県弁護士会館内	024(536)2710
郡山	郡山市堂前町25-23 福島県弁護士会郡山支部内	024(922)1846
●水戸	水戸市大町2-2-75 茨城県弁護士会館内	029(221)3501
土浦	土浦市中央1-13-3 大国亀城公園ハイツ304	029(875)3349
	茨城県弁護士会土浦支部内	
下妻	下妻市長塚74-1 下妻市商工会館内	0296(44)2661
●栃木	宇都宮市明保野町1-6 栃木県弁護士会館内	028(689)9001
●前橋	前橋市大手町3-6-6 群馬弁護士会館内	027(234)9321
太田	太田市新井町516-1 GSEビル2階	027(234)9321
高崎	高崎市宮元町298 勝ビル1階	027(234)9321
●埼玉	さいたま市浦和区高砂4-2-1 浦和高砂パークハウス1階	048(710)5666
	埼玉弁護士会法律相談センター内	

越谷	越谷市東越谷9-7-19 グリーンビル越谷2階	048(962)1188
	埼玉弁護士会越谷支部内	
川越	川越市宮下町2-1-2 福田ビル1階	049(225)4279
	埼玉弁護士会川越支部内	
熊谷	熊谷市宮町1-41 宮町ビル 埼玉弁護士会熊谷支部内	048(521)0844
●千葉	千葉市中央区中央4-13-9 千葉県弁護士会館内	043(227)8530
松戸	松戸市松戸1281-29 松戸東洋ビル4階	047(366)6611
	千葉県弁護士会松戸支部内	
京葉	船橋市本町2-1-34 船橋スカイビル5階	047(437)3634
	千葉県弁護士会京葉支部・船橋法律相談センター内	
●霞が関	千代田区霞が関1-1-3 弁護士会館3階	03(3581)1782
新宿	新宿区歌舞伎町2-44-1 東京都健康プラザハイジア8階	03(6205)9531
	新宿総合法律相談センター内	
立川	立川市曙町2-37-7 コアシティ立川12階	042(548)7790
	立川法律相談センター内	
八王子	市役所内	042(620)7227
立川	市役所内	042(528)4319
武蔵野	市役所内	0422(60)1921
三鷹	市役所内	0422(44)6600
青梅	市役所内	0428(22)1111
府中	市役所内	042(366)1711
昭島	市役所内	042(544)5122
調布	市役所内	042(481)7032
町田	市役所内	042(724)2102
小金井	市役所内	042(387)9818
小平	市役所内	042(346)9508
日野	市役所内	042(514)8094
東村山	市役所内	042(393)5111
国分寺	市役所内	042(325)0111
国立	市役所内	042(576)2111
西東京(旧無庁舎)	市役所内	042(460)9805
福生	市役所内	042(551)1529
狛江	市役所内	03(3430)1111
武蔵村山	市役所内	042(565)1111
東大和	市役所内	042(563)2111
清瀬	市役所内	042(497)1808
東久留米	市役所内	042(470)7738
多摩	市役所内	042(338)6806
稲城	市役所内	042(378)2286
あきる野	市役所内	042(558)1216
羽村	市役所内	042(555)1111

●関内	横浜市中区日本大通9 神奈川県弁護士会館内	045(211)7700
横浜駅西口	横浜市神奈川区鶴屋町2-23-2	045(620)8300
	TSプラザビル4階 横浜駅西口法律相談センター内	
川崎	川崎市川崎区駅前本町3-1 NMF川崎東口ビル11階	044(223)1149
	川崎法律相談センター内	
小田原	小田原市本町1-4-7 朝日生命小田原ビル2階	0465(24)0017
	小田原法律相談センター内	
相模原	相模原市中央区中央2-11-15 相模原市中央区役所内	042(769)8230
橋本	相模原市緑区橋本6-2-1 シティプラザはしもと6階	042(775)1773
	相模原市緑区役所市民相談室内	
相模大野	相模原市南区相模大野5-31-1 市南区合同庁舎3階	042(749)2171
	相模原市南区役所市民相談室内	
座間	座間市緑ケ丘1-1-1座間市役所内	046(252)8146
横須賀	横須賀市日の出町1-5 ヴェルクよこすか3階	046(822)9688
	横須賀法律相談センター内	
●山梨	甲府市中央1-8-7 山梨県弁護士会館内	055(235)7202
●長野	長野市妻科432 長野県弁護士会館内	026(232)2104
○松本	松本市丸の内10-18 長野県弁護士会松本在住会館内	0263(35)8501
●新潟	新潟市中央区学校町通一番町1 新潟県弁護士会館内	025(222)5533
◎村上	村上市岩船駅前56 村上市役所神林支所内	025(222)5533
◎長岡	長岡市三和3-123-10 新潟県弁護士会長岡支部会館内	0258(86)5533
三条	三条市荒町2-1-3 三条市体育文化会館(マルチスタジオ3)	025(222)5533
◎上越	上越市土橋1914-3 上越市市民プラザ内	025(222)5533
五泉	五泉市村松乙130-1 五泉市村松支所内	025(222)5533
●富山	富山市長柄町3-4-1 富山県弁護士会館内	076(421)4811
金沢	金沢市丸の内7-36 金沢弁護士会館内	076(221)0242
●福井	福井市宝永4-3-1 サクラNビル7階 福井弁護士会内	0776(23)5255
●静岡	静岡市葵区追手町10-80 静岡県弁護士会館内	054(252)0008
●沼津	沼津市御幸町24-6 静岡県弁護士会沼津支部内	055(931)1848
伊東	伊東市大原2-1-1 伊東市役所内	0557(52)3002
三島	三島市北田町4-47 三島市役所内	055(983)2651
下田	下田市東本郷1-5-18 下田市役所内	055(931)1848
●浜松	浜松市中区中央1-9-1 静岡県弁護士会浜松支部内	053(455)3009
掛川	掛川市亀の甲1-228 あいおいニッセイ同和損害保険ビル3階	053(455)3009
●名古屋	名古屋市中区三の丸1-4-2 愛知県弁護士会館内	052(565)6110
	名古屋市中村区名駅3-22-8 大東海ビル4階	052(565)6110
	名古屋法律相談センター内	
豊橋	豊橋市大国町83 愛知県弁護士会東三河支部内	0532(56)4623
岡崎	岡崎市明大寺町字道城ヶ入34-10	0564(54)9449
	愛知県弁護士会西三河支部内	
一宮	一宮市公園通4-17-1 愛知県弁護士会一宮支部内	0586(72)8199

半田	半田市出口町1-45-16 住吉ビル2階 愛知県弁護士会半田支部内	0569(23)8655
●三重	津市中央3-23 三重弁護士会館内	059(228)2232
●岐阜	岐阜市端詰町22 岐阜県弁護士会館内	058(265)0020
●滋賀	大津市梅林1-3-3 滋賀弁護士会館内	077(522)2013
●京都	京都市中京区富小路通丸太町下ル 京都弁護士会館内	075(231)2378
京都駅前	京都市下京区東塩小路町579-1 山崎メディカルビル6階 京都駅前法律相談センター内	075(231)2378
大宮	京丹後市大宮町周枳1 大宮織物ホール 丹後法律相談センター内	0772(68)3080
●大阪	大阪市北区西天満1-12-5 大阪弁護士会館内	06(6364)8289
なんば	大阪市中央区難波4-4-1 ヒューリック難波ビル4階 大阪弁護士会なんば法律相談センター内	06(6645)1273
門真	門真市中町1-1 門真市役所内	06(6902)5648
茨木	茨木市駅前3-8-13 茨木市役所内	072(620)1603
岸和田	岸和田市宮本町27-1 泉州ビル2階 岸和田法律相談センター内	072(433)9391
堺	堺市堺区南花田口町2-3-20 三共堺東ビル6階 堺法律相談センター内	072(223)2903
豊中	豊中市中桜塚3-1-1 豊中市役所内	06(6858)2034
●神戸	神戸市中央区橘通1-4-3 兵庫県弁護士会館内	078(341)1717
阪神	尼崎市七松町1-2-1 フェスタ立花北館5階501C号 兵庫県弁護士会阪神支部内	06(4869)7613
明石	明石市中崎1-5-1 明石市役所内	078(918)5002
姫路	姫路市北条1-408-6 兵庫県弁護士会姫路支部内	079(286)8222
●奈良	奈良市中筋町22-1 奈良弁護士会館内	0742(26)3532
●和歌山	和歌山市四番丁5 和歌山弁護士会館内	073(422)4580
鳥取	鳥取市東町2-221 鳥取県弁護士会館内	0857(22)3912
米子	米子市加茂町2-72-2 鳥取県弁護士会米子支部内	0859(23)5710
倉吉	倉吉市葵町724-15 法律相談センター倉吉内	0858(24)0515
島根	松江市母衣町55-4 松江商工会議所ビル7階 島根県弁護士会館内	0852(21)3450
●岡山	岡山市北区南方1-8-29 岡山弁護士会館内	086(234)5888
倉敷	倉敷市幸町3-33 倉敷弁護士室内	086(422)0478
津山	津山市椿高下52 津山弁護士室内	0868(22)0464
●広島	広島市中区基町6-27 広島そごう新館6階 紙屋町法律相談センター内	082(225)1600
呉	呉市中央2-1-29 広島弁護士会呉地区会内	0823(24)6755
尾道	尾道市新浜1-12-4 広島弁護士会尾道地区会内	0848(22)4237
福山	福山市三吉町1-6-1 広島弁護士会福山地区会館2階	084(973)5900
●山口	山口市黄金町2-15 山口県弁護士会館内	0570(064)490

萩	萩市江向582-2　片山ハイツ102号 萩法律相談センター内	0570(064)490
宇部	宇部市常盤町1-2-5 宇部法律相談センター内	0570(064)490
下関	下関市竹崎町4-4-2 しものせき市民活動センター内	0570(064)490
	下関市向洋町1-5-1 1階 山口県弁護士会下関地区会館内	0570(064)490
岩国	岩国市錦見1-10-17 山口県弁護士会岩国地区会館内	0570(064)490
周南	周南市岐山通り2-11 江村ビル1階	0570(064)490
	山口県弁護士会周南地区会館内	
●高松	高松市丸の内2-22 香川県弁護士会館内	087(822)3693
徳島	徳島市新蔵町1-31 徳島弁護士会館内	088(652)5768
●愛媛	松山市三番町4-8-8 愛媛弁護士会館内	089(941)6279
●高知	高知市越前町1-5-7 高知弁護士会館内	088(822)4867
●福岡	福岡市中央区渡辺通5-14-12 南天神ビル2階	092(741)3208
	天神弁護士センター内	
二日市	筑紫野市二日市北1-3-8　スパシオコモドビル2階	092(918)8120
	二日市法律相談センター内	
久留米	久留米市篠山町11-5 久留米法律相談センター内	0942(30)0144
飯塚	飯塚市新立岩6-16 弁護士ビル3階	0948(28)7555
●北九州	北九州市小倉北区金田1-4-2 北九州法律相談センター内	093(561)0360
	※裁判所構内	
魚町	北九州市小倉北区魚町1-4-21 魚町センタービル5階	093(551)0026
	魚町法律相談センター内	
折尾	北九州市八幡西区折尾4-6-16 折尾YSビル2階	093(691)2166
	折尾法律相談センター内	
●佐賀	佐賀市中の小路7-19 佐賀県弁護士会館内	0952(24)3411
長崎	長崎市栄町1-25 長崎MSビル4階 長崎県弁護士会館内	095(824)3903
佐世保	佐世保市島瀬町4-12　シティヒルズカズパ2階	0956(22)9404
	長崎県弁護士会佐世保支部内	
●熊本	熊本市中央区水道町1-23　加地ビル3階	096(325)0009
	熊本県弁護士会法律相談センター内	
八代	八代市松江城町6-6 八代商工会議所内	096(325)0009
●大分	大分市中島西1-3-14 大分県弁護士会館内	097(536)1458
宮崎	宮崎市旭1-8-45 宮崎県弁護士会館内	0985(22)2466
●鹿児島	鹿児島市易居町2-3 鹿児島県弁護士会館内	099(226)3765
●那覇	那覇市松尾2-2-26-6 沖縄弁護士会館内	098(865)3737
コザ	沖縄市知花6-6-5 沖縄弁護士会相談センター沖縄支部内	098(865)3737

[令和2年10月1日現在]

著者紹介

藤井 勲（ふじい・いさお）

昭和40年	東京大学法学部卒
昭和42年	東京地方裁判所判事補
昭和45年	神戸地方裁判所判事補
昭和47年	大阪弁護士会登録
昭和55年	日弁連交通事故委員会委員
昭和58年	大阪弁護士会交通事故委員会委員長
昭和61年	日弁連交通事故相談センター理事
事 務 所	弁護士法人 淀屋橋法律事務所
著 書	交通事故損害賠償の手引
	交通事故判例解説
	言いがかり110番

泉 薫（いずみ・かおる）

昭和57年	東京大学法学部卒
昭和59年	大阪弁護士会登録
同 年	淀屋橋法律事務所入所
平成23年	大阪高等裁判所判事
令和3年2月現在	神戸地方裁判所判事
著 書	交通事故損害賠償の手引
	交通事故判例解説

淀屋橋法律事務所交渉実務研究会

代表	藤井 勲	阿部 清司
	安田 正俊	西野 航
	黒田 拓志	奥田 直之
	井上 敏志	今井 佐和子
	鹿野 耕平	中嶋 俊太郎
	松本 京子	平井 智也
	深江 元哉	中濱 裕貴

新 示談交渉の技術——交通事故の想定問答110番

発 行	平成元年3月15日	初版発行
	平成24年1月10日	2012年改訂版発行
	平成25年11月15日	2012年改訂版第2刷発行
	令和3年3月1日	2021年改訂版発行

著 者	©藤井 勲／泉 薫
発行者	奥川 光寿
発行所	株式会社 企業開発センター

〒541-0052 大阪市中央区安土町1-8-6（大永ビル）
電話 06(6264)1660　FAX 06(6264)1670
〒160-0004 東京都新宿区四谷4-32-8（YKBサニービル）
電話 03(3341)4915　FAX 03(3351)5120
https://www.kigyo-kc.co.jp

発売所	株式会社 星雲社

〒112-0005 東京都文京区水道1-3-30
電話 03(3868)6588

印刷所	株式会社 太洋社

落丁・乱丁本はお取り替え致します。

ISBN978-4-434-28694-0 C2036

（定価はカバーに表示してあります）